真実の浄土を求めて

荒野の白道

平野　修

法藏館

荒野の白道　目次

荒野の白道——真実の浄土を求めて

末法の時　魔宮にあり

時間・空間

今日、お話申し上げることは、広い意味で「時間」と「空間」ということです。私達がものを考える時に、一番基礎になりますことは、「時」ということと「場所」です。これは切りはなせないことです。時も場所もないということになりますと、人間は不明なものとなります。少し堅いことばですが、「時間」と「空間」ということを中心にして話をすすめていこうと思います。

今日、私達が仏教ということで普通経験しますことは、お墓詣りとか、あるいは年忌法要といった事柄で仏教というものを経験します。

お墓にお詣りする場合、特にお寺さんにお墓がある場合、そこへお詣りに行きますと、どう考えても、仏教の内容は知らないけれども、仏教と関係していることになります。年忌法事も特に仏教のことに詳しいから年忌法事しているわけではありません。三年経った、七年経ったということで年忌法事しなければならないということでおこなっています。必ずしも仏教の細かい教理とか、仏教の深い理解を持っているから、仏教にかかわっているからということでなしに、知らないながら、かかわりを持っています。その仏教とのかかわりの大半はどうなっているかと言いますと、これはほとんど過去にかかわっているのです。年忌法事は当然、三年とか七年とか言って過去に向かいます。いかにせっかちな人でも、「俺がいるあいだに、俺の一年目とか三年目の年忌法事してくれ」という人はおりません。必ず亡くなった人、亡くなった時からかぞえて時間を考えていきますから、仏教というと、普通には過去のほうに眼を向けているものであるというふうに考えられています。ですから、いきおい過去のほうに向かってあるものが仏教であって、未来・現在に対しては、あまり関係を持たないのではないかというふうに考えるようになっているかと思うのです。そこにまず問題になりますのが「時間」の問題です。

普通、個人の日常生活では、あまり過去のことにこだわらないでおこうというのが一般的な生活感覚です。たとえば、「いつまで済んだことをぐずぐず言っているのか」とか、

「死んだ子の歳を数えるようなことをいつまで言っているのか、そんなことでは生きていけないではないか、前を向いて生きなければ生きられないじゃないか」というふうに、現在の生活意識は過去ということをあまり問題にしません。これを少し広げていきますと、「時代」という時間の問題になります。たとえば戦後四十五年。八月十五日を一つのめじるしにして、あるいは八月六日、広島の原爆を、その後の長崎を忘れないで生きていきたい、といった話が出てきますと、「またか」というような意識を持たれる方もあります。「もう四十五年も経っているのに、むしかえすようなことをしなくてもいい」とか、あるいは「日本人はかつてこんなことをアジアの近隣諸国でやってきた」というようなことが出されてきますと、「なにをいまさら」とか「ずいぶん時間経ったのに、そんなことよりは、いまからそれをどうするかを考えるほうが建設的だ」となって、個人的にも時代的にも日常意識では過去というものは、あまり深く考えたり、いつまでもこだわってもしようがないものというふうに考えられがちです。そんな意味からいきますというと、今日、過去のことをいやがおうでも思い出させるような意味を、かえってどうも法事のほうが持ちます。三十三年経ったとか、十七年経ったとかという、このことが過去のことを見ないで将来に向かって生きていきたいという心を持つ者に、過去を考えさせる。そういう意味が、仏教のほうにあるかと思います。

しかし我々は、本質的にはあまり問題にしたくない、そうこだわっておりたくないという気持が強い。ですから、法事をしてもほとんどの場合、過去は消えておりますし、あまり考えたくありませんから、法事をされる方々の気持からしますと、こちら側が亡くなった人のことを考えてやる、思ってやるという発想になります。ですから、法事をした時だけ思い出されるものであって、あとはほとんど忘れて、未来を見ています。このために、せっかく過去の時間と出会っても、それが特定された時間になって生活意識の中に入って来ないのです。そんなことから教えられてきますのは、我々はどうも過去のことにこだわりたくない、過去のことは忘れて前へ行きたいと言っているけれども、過去ということを失ってしまえば、どうも人間にはなりえないのではないか、どこか大事なものを失ってしまうのではないかということです。

これについては後で触れますが、過去とは人間の立つ大地に関係しています。時間と空間は別物ではありません。ですから、過去の時間は大地という空間としてあります。仏教のことばで言えば、大地とは業のことです。

ですからどんなつもりで法事をなされても、法事がはじまる前と法事が終わったあとでは顔つきが違って見えるということがあります。はじめは元気よかったけれども、終わったらくたびれていたというのではないのです。顔の様子が違うのです。つまり、どういうことかと考えると、少なくともその人は、過去というものにどこかで触れた、人間の大地に触れたのです。亡くなった人のことを思うということを通して、日頃失っている時間、つまり、自分が立つ大地の感覚を取り戻したのです。そうすると、顔つきがなんとなく違ってきます。同じ式でも、結婚式でワァーワァーやっているのと、法事に出席した顔とでは違います。何が違うかというと、結婚式は未来にかかわるものであり、空間的に言えば、彼方の空に希望を見ているのです。つまり、空が空間になります。

それに対して法事は過去と人間の大地（業）にかかわります。すでにそこに立って、生きている業の大地であるにもかかわらず、日頃あまり問題にしないのですが、法事をおこなうことで過去を取り戻すからです。

失われゆく過去・未来

今年の夏、こんなことがありました。北陸のほうも近年はお墓詣りが盛んでございます。

そのなかでも、大阪の方で朝四時に出発して、金沢の近くまで高速道路を乗り継いでお墓詣りにこられた人がありました。朝早く着くつもりだったのでしょうけれども、お盆の時期ですので、それに道中に交通事故かなんかあって、そのためにおくれて、私のところに着かれたのは、ほとんど十一時近くでした。まあ七時間かけてお墓詣りにいらっしゃったのです。そしてお墓にぬかずいて、あれで十分でしょうか十五分でしょうか。そして「すぐこれから大阪にもどります」とおっしゃるのです。普通の感覚からいけば「えっ、お墓詣りのためだけに七時間もかけ、ちょっといてすぐまた三、四時間かけて帰られるのか」となります。ですけれどもその十分か十五分間、お墓の前にぬかずいていらっしゃる、それだけで満足したものがあるのでしょう。

これはどういうことであろうかと考えますと、日常生活で失っていた過去という時間を取り戻されたのでしょう。過去を取り戻すというのは想い出にふけることではありません。すでに大地となっている自らの背景を取り戻すことです。過去に触れて、人間は現在だけで生きる者ではないと知るのです。と同時に、過去を失ったかたちでの現在とは一体何であろうかと問うことです。普通の生活意識は、過去ということは考えないで、前向きにという発想になっていますから、大地を意味する過去に触れようにも触れられない。それが具体的にお墓、自分の父なり母なり、あるいは兄弟なり、そのお骨がおさまっていると思われているお墓に触れることで、わずかにその人が取り戻したのは、今申しましたような「時間」ではないだろうか。自身の背景・大地をあらわす過去という時間ではなかったのか。つまり、自分の足下につながっている過去という時間をもって、自分を取り戻し、それで非常に満足をして、長い道中に耐えて帰って、また明日から仕事をやっていこうという気持にもなられたと推察しております。

こうしたことは、それぞれに、法事をおつとめになられた時にはお持ちなのでしょうが、充分でない。法事という場をかりて少し過去に触れるのですけれども、どうも過去を自身の大地としてしっかりつかまえることができないために、大抵の場合どうなるかと言えば、「これで亡くなった人も満足しただろう」とか、あるいは「ずうっと気になっていた法事ができて、やれやれ」となってしまうのです。それは過去を未来と別の彼方に追いやっている態度からくるのでないかと思います。その意味では、我々が過去の時間と出会う時には、一つの出会い方があるかと思います。

一つ例を取りますと、真宗の教団に関係していらっしゃる方々は親鸞の報恩講を経験して知っていらっしゃると思います。この地方もそうでしょうけれども、お寺でつとめて、それぞれのお家でまた報恩講をおつとめになられる。北陸地方でも非常に盛んに行われます。自分の家で親鸞の報恩講をつとめる。この報恩講は、なんのことかと言えば、これも年忌法要なのです。毎年毎年、年忌をつとめているのです。普通には、一年、三年、七年、十三年というふうに奇数でつとめていますけれども、今、皆さん方に、「親の年忌を毎年きちんとつとめたらいかがですか」と言えば、「いかに親でも、ちょっと考えさして下さい」と言うことになります。ところが、親鸞の報恩講と言われるものは毎年つとめています。つまり、年忌なのです。

毎年つとめていて、それが過去のことをやっているというふうには我々は感じません。報恩講にお詣りし、そこで親鸞の教えを聞く。真宗の教えを聞く。それは年忌法要に違いないのですが、単に過去のことを繰り返しているということにとどまりません。親鸞のことばを聞いて我々の現在を照らすところの鏡を持つ意味がこの年忌にはあります。親鸞はとっくの昔に亡くなられた方です。とっくの昔に亡くなられたその方の年忌が毎年毎年行われているということは、とうに過ぎ去った人ということでなしに、その人のことばが、大地を忘れて彼方の空ばかり追いかける自分達の現在を問いなおしたり、照らし出してくれるところの鏡という意味を持っているために、我々のほうで、「つとめたから、やれやれ」とか、「つとめてあげて、親鸞もよろこんでいるだろう」というふうにはならないのだろうと思います。むしろ逆です。「今年もまた報恩講をつとめることができた、おつとめさせていただいた」と言って、忘れ果てている自分のありさまを照らし出す鏡となって、我々を人間の業の大地に立たせますから、「今日も親鸞はおわしました」という意味になります。これは単なる過去ではありません。

過去が現在に生きるという場合には鏡が必要です。過去という時間と向かい合うという場合は、どうしても教えという鏡がありませんと、過去は想い出・記憶の彼方に遠ざかっていきます。この教えという意味は特に偉大な人のことばと限る必要はありません。過去は現在につながる時間であってみれば、ただ私達には過去から聞き取るという態度が必要なのです。見るのではなくて聞き取るのです。聞き取るところに教えという意味が出てきます。

一つの例をあげますと、戦没者の追悼法要があります。この法要におきましてはほとんどの場合、印で押したように言われることばがあります。「亡くなった皆様方の尊い犠牲で今日の繁栄があります」ということばです。盛岡の場合ですと、「新幹線もここまで来るようになりました。そのおかげでいろんなビルが建ちました。道もよくなりました。市ではこんなことを計画してます」というようなことが繁栄の内容として語られる場合が多くあります。そんな弔辞を耳にされるかと思います。そしてまた、判で押したように最後に、「安らかにお眠り下さい」と言います。これもご承知のとおりです。述べている本人はなんにも気づかないのでしょうけれども、考えてみれば、「安らかに寝ている者にそんな報告をして、だれが聞くのか」ということになります。しかしそんなことについて矛盾もなにも感じません。なぜそんな奇妙なことになったかというと、私達が、社会全体がもう過去を失っていると言うほかありません。「あなたがたの尊い犠牲によって今日の繁栄があります」ということで過去を持っているようですけれども、現在の繁栄に立って過去を彼方のこととして考えているのです。だから厳密な意味においては、その人には過去がないのです。

過去がある場合は、弔辞はどうなるかと言えば、全然違うものになります。たとえば、「戦後四十五年経ちました。あなたがたの亡くなったことが、ほんとに尊い犠牲であるのか、犬死であるのか、我々の今までの生き方を見て教えて下さい」と言うのならわかります。「我々の歩みは、間違いなかったのでしょうか、あなた方の死を犬死にしているような生き方をしているのかどうか、そのことをどうぞ教えていただけませんか」というふうに弔辞が読まれるならば、その人は過去を持ちます。先程言いましたように、聞き取ろうとする態度があれば、過去は鏡となります。「現在の我々のあり方を教えて下さい、照らして下さい」という意味になってきた時に、過去はほんとうに過去になります。ところが、忘れたい、前を向いて生きていきたいという人間の持つ時間感覚からいきますと、過去は消えてしまいます。そのために過去に対して現在のことを誇り、現在のことを報告するという形で過去が考えられてしまうのです。そういう点では、いろんな弔辞が読まれますけれども、「私共の歩みはこれでよかったのでしょうか。眠らないで、眼をあけて教えて下さい」という弔辞は、いまだかつて聞いたことがありません。なぜ、いまだかつてそんなことが出て来ないかというと、日本人は過去を失った。つまり、「業」の象徴である大地を失ったからと言っていいかと思います。

その、過去を失いがちな我々がほんのわずか、ささやかながらも過去に触れるチャンスを、法事とか墓詣りということで保っているかと思います。それすらもだんだん現在の状態の上でやっていこうとするというと、まったく形だけになってしまって、ついに過去すらも、法事をつとめながらも失ってしまうということになりかねない。過去を失うというのは、過去を失っただけではありません。それは同時に、未来という時間を失うことにつながっていきます。

共通・共同・共時の喪失

これも一つ、端的な例で申しますと、今から十月、十一月にかけてたくさんの結婚式があります。近頃の結婚式など、私はほんとに出たいという気などさらさら起こりません。「何をしているのかなあ」という感じです。ドライアイスがあったり、キャンドルサービスがあったり、どう考えても理解のできないことをやっています。しかし結婚式を挙げるということは、多くの場合、子どもの誕生と結びつきます。その意味で、結婚式を挙げるということには、次の世代へという未来を含んでいます。それであれば、「未来に生まれてくる子ども達があるから、ちょっと料理も少なめにしておこうか。あとに生まれてくる子ども達が食べるものがなくなったら困るから、ケチと言われようと、なんと言われようと、残す人がたくさんいるから、はじめから少なくしよう」というふうな配慮が行われても別に不思議ではありません。しかし実際は、結婚式に一所懸命になって、そこまで配慮することはほとんどないと思います。極端なことを言うようですが、具体的に「未来」と言えばそうなるでしょう。あるいはよく言われますように、ゴミ問題もそうです。後になって処置できないものは買わないようにすることも未来に関わった問題です。ところが、我々の発想には共時的な未来は全然出てきません。

先に未来を「大空」、過去を「大地」と言いましたが、大空、大地と言えば、「自分だけの」ということはできません。共通・共同・共時ということがそこにあります。私達は過去についても、未来についても、そういう共同性を失ってしまっているのかもしれません。そうすると、過去も失い、未来も分からないような生き方とはどんな生き方になるのでしょうか。

今日、私達の生き方は、どう考えてみても、はずかしいことに、過去を失い、未来を失った生き方と言わなければならない。それについて「否」と言えない部分を含んでいると思います。ですから二十一世紀に生まれた子ども達が我々に対して言う言葉は「穀つぶし」です。二十一世紀の子ども達が二十世紀の我々に対して、「あなたがたはほんとうに穀つぶしであります。使えるものはみんな使っていった。あとは知らんという生き方をしたのではないですか」と、間違いなく、そう言われるだろうと思います。そんな意味の具体的な未来は、私達にはどうも感ぜられない。そういう意味で今の私達の生き方は時間を持っていないのと同じです。時間のない空間とはどんなところでしょうか。

他化自在天

これについては、一四一五年生まれの、一四九九年になくなった、時代で言うと室町時代、その時代を生きた蓮如に次のようなことばがあります。この人は八十五歳でなくなった人ですけれども、蓮如にはたくさんのお手紙があります。そのお手紙のなかで、蓮如は他の経典などを読んでお引きになられたのですけれども、人間が五十年だと思っている時間は、四王天と言われる天の一日一夜に当たる。人生五十年と言いますが、その五十年の長さは、天の世界へ行くと一日分だ。そしてその四王天の五十年の長さが等活地獄へ行くというと一日一夜に当たる。こういう手紙を書いていらっしゃいます。おもしろいたとえだと思います。人間の時間は、天へ行くというと五十年が一日になってしまう。百年は二日です。天というのは非常にゆったりとした時間を持ったところだと考えられています。天が動いているか動いていないか分からないほど、時間がないに等しいような時間の場所が天と言われます。

古代インド人は多くの天を考えてきましたが、それらの天の中で、人間が普通考えて一番いいなあと思われる天が他化自在天《たけじざいてん》と言われます。他のものが化作《けさ》した、つまり作ったとか工作したもので出来ている天のことです。他の者が作ったものを自分のものにしている世界を他化自在天と言います。どういうことかと言うと、ファーストフードとか、二十四時間のコンビニエンスストアーとかがありますが、ある時、子ども達がおなかをすかしていて、二十四時間営業のストアーへ行ってスパゲッティーを買ってきて子ども達に温めて出して、父親の場合なら「どうだ、お父さん、料理が上手だろう」と言って出すとすると、これが他化自在なのです。実はこのスパゲッティーはストアーでもう作ってあります。それをただ電子レンジで温めるか、もう一度火をあてただけで、しかも「どうだお父さん、料理は上手だろう」と言って出す。自分が作ったものでないにもかかわらず、自分を料理人自身のように考える。それが自在です。あたかも自分をその場の最も重要な主人公にすることです。これを注釈しているものがあるのですが、そのなかでは簡単に、他が化作したもの、他が作ったものを奪って我がものとしている世界を他化自在天と言うのである、と言っています。つまり、手を汚さずして、苦悩を感ずることなしに、主人公のごとく振舞っている世界のことです。これは私達が日頃から願っているものです。

そうすると、今の私達の生活の方向は他化自在天に向かっていると言ってもいいかと思います。最近よく言われます。日本人の食卓にあがるものの九十パーセント以上は他のものが作ったものであるということがあります。たとえば、ステーキのおいしい店があると言って、親子四人か五人で食事に行くとします。そしてステーキを食べる時に言うことばがあると思うのです。「いただきます」と同時に、「すみません」と言ってから食べなければならない事情があります。と言うのは、これも皆さんよくご承知かと思いますけれども、一匹の牛のために、自分達が食べるものをみんな飼料として提供している国が実にたくさんあるということです。自分達が主食にしているものを牛の飼料として買い取っていく国があって、それで金になるからと言って、自分達の食べるものを飼料として出して、もっと質の悪いものを食べるようになっていく。それで牛はマルマルと太って、おいしいステーキになりますが、その反面、劣悪な生活環境が残ることになります。そうしますと、ステーキを食べて、おいしいと言っている事柄自体は、満足した主人公になりまして、まるまる他化自在天になります。我々の生活は今や、電気にしろ車にしろ、生活の全部は他化自在天という世界をめざしている。他が作り、苦労してきたものを、みんなお金で買い取る。もっと言えば、お金で奪い取るようにして我がものにして、そこの主人公となっていく。我が世界にしていく。

先程、仙台から電車に乗ってきたのですが、新花巻あたりまで、田園風景が美しく車窓から見えていましたが、盛岡へ来ると一変します。高いビルが建ち、マンションが建っています。あれなども、まるまる他化自在天です。人が住むのかどうかも分からないで投資のために作っていく。すでにあった土地を金で、ことばは悪いのですが、奪い取って我がものとし、いろんな建材、鉱物を外から奪い取ってきて、住みごこちのいい快適なマンションであると言って売り出します。盛岡の市内の人達は利用されないでしょうけれど、それをまた外にいる者が金で買い取っていく。生活の成り立ち自身がすべて、こういう他化作したところのものを奪って我がものとしている。このように現在の私共の生活は成り立っております。資本主義社会というのは本質的に他化自在天の性格を持っているのでしょう。

魔宮の住人

さて、先程来申しますように、そこは「天」ですから、時間がほとんど感じられない。

過去もない、未来も考えられないような世界になっています。そして、たいへん象徴的なのですが、この他化自在天に魔王が住んでいると言われます。親鸞に次のような『和讃』があります。

南無阿弥陀仏をとなうれば　　他化天の大魔王
釈迦牟尼仏のみまえにて　　まもらんとこそちかいしか

他化天の大魔王とは、魔王が他化自在天に住んでおると言うのです。そうしますと、いろんな手段で奪い取るようにして我が世界としている生活を当然な生活としていますけれども、その生活そのものがどうも魔の世界に当たっているということになります。魔が住んでいる場所を魔宮と言います。魔の宮殿です。私達は魔の宮殿に住んでいるのではないだろうか。魔王というのは、他化天にありながら「他」を呑みこみ、「他」を支配し、尊重すべき「他」とは決して見ないものであり、「他」を忘れてしまっているものです。他が消え、他が分からなくなる。みんな我がものにしていきますから他が分からなくなる。
そして、魔宮ですから、すみかを意味します。すみかですから当然境界をもって、もう一つ他の世界があります。けれども、魔宮の性格上、他の世界がだんだん分からなくなってくる。そしていつの間にかそれが当たり前になってくる。一番いい例が、車に乗られる方も多いと思いますけれども、車のなかを汚したくないからと言って、車から出るゴミを走りながら捨てる。あれは他化自在天の魔の第一の眷属《けんぞく》です。その場合は平気なのです。自分のところが汚れたり、乱雑であると気にくわないと言うので捨てる。そのゴミがどうなっていくかについて、少しも思いがおよばない。そういうあり方にひとりでになっていきます。

だからそれがもう少し広がってきますと、日本人は自分のことしか考えられないとまで批判されてくるのです。しかし気づき難いのです。「そうすることが普通だ」とか、「それが娑婆というものだ」とか言って、自分が他化自在天の魔の一員に、知らず知らずのうちになっていくのです。しかも魔の世界においては過去もありませんし、未来もないという。なにをしているかというと、自分の関心事だけを追求しているのです。どこにいくのか、だれにも分かりません。なにをしてるのか、だれにも分からない。それでいて、なんとなく「快適だ」とも思いますし、「楽しいな」とも思いますし、「おもしろいな」とも思っています。それは「天」にいるからに違いありません。

そうすると私達は、他の多くの生きるものと共同・共時にこの世界にいるにはいるのですけれども、他の世界と壁を設けて、いつの間にか魔宮のなかに住んでいるということになります。

それで時々お墓詣りとか法事で、ちょっと魔宮からも出てみるのですけれども、すぐまた、「やれやれ」と言って魔宮に戻っていくのです。それをいつまでやるのか、そうしているといったいどうなるのかということを少しも考えないで、やみくもに他化自在天の一員であることを生きていきます。そういう現在に私達はあるのではないか。だから、我々は今どこに住んでいるのかと言えば、もうはっきりと時間のない他化自在天という世界に住んでいるのであると、こう言ってさしつかえないと思うのです。

そういうところに住んでおりますから、どこへ向いて行っているのか、だれも問題にしません。そうなっていることについて、だれも責任を感じません。便利ならいい、楽しければいい、快適であればいい、ということだけを追求していきますから、だれにも責任がない。もし感ずることがあるとすれば被害者意識です。魔宮にあるのは自己関心が阻害されたときの被害者意識です。だからそういう意味ではなんとすさまじいところに我々は今、生きているのであろうか。

そんなことを抜きにして仏教と関わった場合、その仏教は、被害者意識の慰安の道具になってしまうでしょう。仏教以外の宗教も同様です。とするとこれはいったいどういう意味になるのでしょうか。魔宮におりながら、魔宮にいるとも知らずに魔宮の強化・拡大をはかる。

懈慢界

親鸞はこのことについて、たとえその魔宮が快適であっても、それはどこまでも「方便化身土」であると言われています。私達の在る時間・空間の在り方をはっきりしたところに親鸞のことばの意味があるのでしょう。親鸞は、私達の在る世界を「化身土」として捉え、それを批判的に越えた世界を「浄土真宗」と名づけたのです。浄土真宗という名にそういう意味があります。浄土真宗という名を立てるというのは、一つには他と違うということをあらわします。つまり浄土真宗というのは、いままでのことで言えば、時間もないような、そしてどこに向いているか分からないような、他化自在天のごとき時間・空間の中にある限り、他の人が消え、分からなくなり、かえって不安になり、被害者意識に悩まされつづけることになると知って、それを超えたものに依って生きるという意味をあらわすためです。

ところが私達のほうは、どこにいるのか分からないで真宗の教えを聞くものですから、どうしても、自分の心をなぐさめるもののようにしか聞こえないのです。せいぜいが、「いつ死んでもいいという覚悟ができるということだ」というふうに聞いてみたり、「自分だけが我慢しておればいいんだ」というふうに聞いてみたりして、どうも根本から違っているようです。他の宗教・思想と違うということをあらわすために浄土真宗と名のった、その「他と違いますよ」と言う、その「他」のところに、実は我々はいるのではないでしょうか。真宗という名前を聞いているから、あるいは真宗という教えに縁があるから、あるいは昔から真宗の門徒だからということで、我々が浄土真宗に依っているとは考えられません。この点を私達ははっきりしなくてはならないと思います。親鸞が「他」と違うという、その他の中にこそ、今日の私達の生活があると言わざるを得ません。それを親鸞は、「我々は時間を失って、他化自在天にこそいるものではないか」と言われるのです。そして、そこは真実報土ではない、方便化身土であり、魔郷であるから離れることをすすめられたのです。親鸞のことばによれば、今日私達は結構な場所にいるのかもしれませんが、そこは魔宮のある他化自在天ではないかと教えられます。それに対して私達がどのように答えるかは各人にお任せするほかありませんが、ともかく我々は今どこにおり、どのように生きているかということで時間・空間を問題にしたのです。

もう少し今日は時間・空間を考えたいのですが、他化自在天と酷似している「解慢界《けまんがい》」についてお話しします。この解慢界という世界も実に結構な場所であり、勿論、衣食住文句なし。そして、住居は七宝で出来ており、寝るところも着るものも、食べるものも実に豊かで、見栄えがよくて、気持のよいところとして語られています。それだけでなしに、娯楽施設までついておりまして、歌があり、音楽があり、おどりがあります。おまけに今流にいえばレーザー光線までついています。自分が見ている壁が次から次へと変化するというのです。この変化という意味から言えば、車も同じ意味を持ちます。座っているだけで、場面が次から次へと変化していきますから、車も解慢界の一部を語るものであるとも言えます。これはたとえれば、ブランド品の服を着、アクセサリーをし、ブランド品の靴をはき、バッグを持って、一流レストランでディナーショウを楽しむようなものです。だいたいこういう場所です、解慢界・他化自在天というのは。我々、だいたいそんなことをめざしているように見えます。解慢界や他化自在天に生きるような生き方を、どうも私達は一所懸命になって求めてきたような感じがします。

その意味でこの公開講座のテーマであります「汝、いずこにありて、いかなる精神に生きんとするや」に答えるかたちで言えば、時間・空間を失った他化自在天・懈慢界にあって、他を消し、他を呑みこむ魔王の心を生きるものが今日の我等であると言わなければならないでしょう。

数の魔宮

私達がどこにいるかという場所がはっきりしなければならない。場所がはっきりしないで、真宗に依ると言いましても、なぜ依る必要があるのかさっぱり分からないままに仏法に関係していきますと、仏法が変質するばかりでなく、関係する私達自身も誤るということになります。それで、「私達のいる場は魔の宮殿ではないのか」と問題を提起したのです。この「魔」というのは、インド人には一つの定義がありまして、魔とは、弱点を見つけ出してそこを襲撃してくるものを言うのです。我々の弱点を見つけてくる。私達は弱点をつかれると非常に弱いものです。ですから、弱点をかくし、弱点を補強しようとして、だんだんその生き方が乱暴にもなっていくように思えるのです。

そして、魔の宮殿にいると申しますけれども、今の時代で、魔を形成する要因となっているものとはなにか。もし、ひとつあげるならば、それは数字というものであると思います。数です。どの家庭にも、温度をはかる温度計があります。ちょっと血圧が心配な人は血圧計を自分で持っています。そしてもちろん、体温計もあります。今の我々の生活が成り立っている骨組みを考えますと、だいたい数ということで成り立っています。みなさん方、病院へ行かれて、いろんな検査を受けられる場合、あれはみんな数です。糖尿の血糖値とか、心拍数とか、そんなことをお医者さんへ行って聞きます。今、病院へ行けば全部数字です。そして眼に見えないものをみんな見えるようにする。そうやっていくもとには数があります。ひと昔前なら、脳溢血で倒れると、どのように周りは言っていたかと言いますと、「ああ、あの人、酒のみすぎだからな、まあそりゃしかたない、寿命だ」と、だいたいこれで済ましていました。今はそんなわけにいきません。すぐ病院へ行って、脳の断層写真を撮ります。あれも、もとはみんな数字です。数字の組み合わせで、まるで中が見えるかのようにあらわされてきます。そして、「ここなら手術可能だ」と言って頭を開いて、破れた血管のところを取り替える。あるいは出た血をそこから取り去る。そして脳を圧迫している部分を回復させる。こういうのはみんな数字です。ですから、魔の宮殿が成立している一番もとには数字というものがあって、これが王様になっていると考えられます。魔の王です。

少し飛躍した譬諭かも知れませんが、「数」とは人間の生活が成立する根本です。「自然」ではなく、「文化」を象徴する代表です。もとより人間は自然の中にあり、自然から生まれ出たものです。それが自然に対して人間の世界と言われるものを形成するに当たって、主となったものが計測化であり、数値化であり、計算化することであったのです。つまり「数」の思想です。この「数」も広い意味でコトバです。要するにコトバが中心なのですが、今日はその中でも「数」というコトバが圧倒的な力を持っているのです。この人間世界の外枠を支配しているものが数です。

しかし、そのためにこの魔の宮殿も非常にもろい面を持っているのです。ちょうど着物にしつけ糸というのがありますが、あの糸はすうっと取れます。あれと一緒の面がありま す。魔の宮殿は数によって精緻に成り立っているように見えて、実は計算外のことには全くもろいのです。計算によって成立しているのですから、当然、計算外のことは防ぎようがありません。たとえば、盛岡の銀行の大きなコンピューターが狂ったとなると、やはりパニック状態になります。いくらあずけていたか、そんなことが全然分からないようになったということになると、みんな殺到します。どこかの計器、機械が計算外のところで狂うとなると、我々の生活は出来ないような仕組みになってきています。ですから、数字はシツケ糸と全く同じ面があります。計算され尽しているということは、計算できる限りのものを計算したという意味であって、それ以外はできないのです。ですから、計算されたという場合には、裏に必ず計算されない、計算外のものがついてまわるのです。ここに弱さの根があります。

ある時、私は妙な夢を見ました。生活からマッチが全部なくなっていく夢です。みなさん方、朝起きられて、男の方であろうと女の方であろうと、大抵の場合、御飯を炊くということがあるかと思います。今は電気釜かガス釜です。それに火がつかないということになったらたいへんです。寒くなればお湯がほしい。お湯もガスか電気です。火がつかないということになれば、これもアウトになります。勿論、電気がつかなければ家中まっくらです。どうなっているのか、「テレビでも見よう」と言っても、これもダメになります。そういうことに関する夢でした。マッチが全部なくなって、それで夢の中で一所懸命考えているわけです。

このマイクも電池です。それで思い出したのですが、夏のさかりに三重県の方に行ったことがあります。場所は公会堂だったと思いますが、ものすごいカミナリで、そのカミナりが落ちて、公会堂周辺みんな停電になったのです。真夏のことです。雨が降って暗いわけです。電気がやられて、真暗に近いような状態になりました。そして閉じこめられた場所ですから人いきれで暑くてやりきれない。その上にマイクがダメなものですから大声を出さなければならない。あんなにくたびれた経験はなかったです。

そうすると私達の生活は非常に単純に出来ています。計算が貫徹し、数で積み上げられた世界です。その数がひとたび狂いを生ずると全部アウトになるという、非常に危ない世界です。しかも、最も計算できないのが人間です。計算し尽くされたところに計算外の人間が住んでいるのです。しかし、この人間も可能なかぎり数値化していきます。普遍化し一般化して、個とか業、つまり人間自体を消していく方向を今日たどっています。その意味で現代の魔宮の魔は「数」と言えます。だいたい数に合わせていきます。数でまた判断していきます。

これは一つの象徴として申し上げたのですけれども、他化自在天とは、人間が華やかに見えましても、人間すらも消えていく非常にもろい世界です。そして、今日の私達は間違いなくその世界に住んでいると言わざるを得ません。ですから、だれもかれも不安なものを感ずるのです。いろんな宗教、新興宗教が盛んであると言いますけれども、当然と言っていいかと思います。普通の感覚なら、やはり不安でしょうがない。なにか頼みになるものはないかということを思わざるをえないような世界です。そういう魔宮に我々は住んでいるのです。

そこにおいては、先に言いましたように、時間が消えている。それで、過去を失えば、これは鏡や共通の大地を持たないことになりますから、過去についてなんのつながりもありませんし、また過去についてなんの責任もありません。ですから一所懸命生きているように見えて、無責任になってきます。未来は共時的な空間という意味があり、その空間が開かれていくことを祈るとか願うということがそなわっていると思いますが、その未来も持っていませんから、祈る・願うということも失われていきます。ほんとに、ただ現在の数で成り立っている世界を右往左往しているのでしょう。ところが、その数は考えつくされたものであり、非常に厳密なものであり、合わなければ合わないということがすぐ分かるのが数です。数にはごまかしがない。だから非常に正確なものです。ですから、その数を頼みにしていけるのです。このように数が厳密であり、正確であるために、かえって私達に生ずる疑問を封じていきます。そして、いつの間にか私達を他化自在天の住人に変質させていくのでしょう。このように現在、数をたのみとして我々の生活は成り立っているということができるのでしょう。

末法を支配する法

では、過去とか未来という時間を取り戻すことができるのか。また、取り戻せた時間とはどのようなものなのか。それについて少し考えてみましょう。

親鸞に、

釈迦如来かくれましまして　二千余年になりたもう
正像の二時はおわりにき　如来の遺弟悲泣せよ

という『和讃』があります。少し説明します。お釈迦様がおいでになられた時をふくめて五百年のあいだを正法《しょうぼう》の時と言います。その五百年が過ぎて千年のあいだを像法《ぞうほう》と言います。像はかたちです。そしてその正・像の千五百年がすぎてからあと、末法と言われます。仏教の持つひとつの時間論です。親鸞はそれを、「釈迦如来かくれましまして二千余年になりたもう」と言われています。亡くなられてからもう二千年以上経った。千五百年て末法に入るのですから、もうすでに末法に入ってしまった。親鸞の計算によりますと、もう末法に入ってから六百八十三年経つ、と言われます。ですから釈迦入滅以来、二千年以上経った。もはや正法の時も像法の時も終わって、末法の時に入ったのだ。それで「如来の遺弟悲泣せよ」、「仏教の教えを聞いてきておる者達よ、悲しみ涙せよ」とおっしゃった。この親鸞の『和讃』は、『正像末和讃《しょうぞうまつ》』と名づけられます。今日、我々が手にします『正像末和讃』の一番最初に出てくるものです。この『和讃』に何度も眼を当てていたのですが、何も感ぜずに来ておりました。ある時、あらためて考えさせられることがありました。それは今申しましたように、私達が時間を失っているという問題から、この末法ということに、時間・空間を考えさせられたのです。

ところで、末法というのはどんな意味であるかと言いますと、お釈迦様が我々のために、人間としての道をいろいろ教えられた。その教えというものがある。これを教法と言います。我々のために、我々を導くために、我々を育てるために、さとらしめるためにお説きになられた、いろんな教法がある。その教法があとかたもなくなってしまった状態を末法と言うのです。あとかたもなくなった。少しでも、あとも形もあるなら像法です。しかし二千余年になってしまうと、あとかたもなくなってしまう。そうなると、どうなるか。それの代わりに仏の教えとは別の法が我々の生活のもとになってきます。お釈迦様がお示しになられた教法が、まったくなくなってしまって、まったく別のものが教法として動いている時代のことを末法とおっしゃられたのです。

そうすると今日、何が法になっているかと申しますと、先程申しました「数」です。広い意味で自然科学の法と言ってよいでしょう。自然科学というのが一番もとになっているわけです。病院も自然科学の法で成り立っています。電車に乗ろうとバスに乗ろうと、自動車に乗ろうと、みんな自然科学の法というものがもとになって動いています。それらは、ごまかしがないということを一つの性質にしています。「具体的なもの」から、歪んだり曲がったりしたものを取り除いて、「整理されたもの」にしていく考え方です。数の性質のなかに、現実にあるものを全く違うものに転換させて、しかも現実にあるものと結びつくということがあります。それを別のことばで言えば「合理」ということです。

たとえば、立っている木々を少しも動かさずに、それらの間に網を張ってつくるハンモックがあります。これは「利用」したものです。合理というのは「加工」です。現実にあるものは、すべて不揃いなものです。一つとして等しいものはないのですから。整合度が高ければ高いほど「利用」を離れて「加工」になります。すべてもとは現実にあるものですが、眼の前に見ている多くのものは「利用」ではなくて「加工」です。そして、この

「加工」のもとになるものが合理・数の精神です。理に合うかどうか。理に合わなければ、みんな取り除いていく合理の法が我々の生活のもとになっています。具体的にあるものを利用する度合いの高い生き方は自然との共存型ですが、加工度の高い生活は自然と全く別の在り方をした生活で、対立型になります。そして、現代生活の特色は加工度が高いだけでなく、その「加工」を売買したり、提供したりするところにあります。「加工」の提供というのはサービス業のことです。

たとえば、法事をするのに、かつてはいろんな人が手伝いに来てお斎《とき》の用意をするということがありました。これは、はなはだ面倒である、時間がかかる、だから、やめておこうということになります。それで料理屋さんで「加工」されたもの買うことになります。さらにまた、法事のためにいろんな人が家に来る。そのために掃除をしなければならない、準備をしなければならない。これは誠に面倒である。だから、お寺は広いのだからお寺でやろう、ということになります。そしてそのあと料理屋さんへ行ってお斎《とき》をいただこうとなります。これらはすべて現にあること、あるものを利用するのではなく、「加工」されたものを利用するだけです。けれども、お金は倍かかっているわけです。

現代はこの「加工」提供が驚異的な時代です。しかも、私達は資本主義の社会の中におりますから、一層この「加工」と「加工提供」に拍車がかけられています。ですから、どれだけお金がかかったとしても、便利なら、快適なら、しんどいめにあわないのなら一向かまわないということになりがちになり、先程言いましたような他化自在天の住人となります。「加工」する場合には素材の利用からはじめて製品化するまでの時間と場所と人々の労働が必要ですから、「加工されたもの」に人間と時間・空間が付帯していると考えられますが、その「加工」を利用するものには、人と時間・空間は全く消えており、お金で買って自分のものにしたのですから、どう利用しようと自在です。これでは全くの他化自在天です。

このように、今日の我々を支配している法ということになれば、仏陀の法ということでなしに、むしろこれは数値の法と合理の法です。数と合理ということが出てくれば、当然そこに経済の法というものが顔を出してきます。こういう法を我々は法として生きていて、仏の法というものは、あとかたもなくなくなった。これを末法の時と考えることができるかと思います。

感覚できなくなった末法

そうすると今、私達はどこにいて、どのような時間を生きているのかというと、魔宮であり、末法という時を生きているのだということが分かります。しかし少しも末法というような感覚はありません。なぜないかと言えば時間が消えているからです。時々、世の中わるくなった、せちがらくなって住みにくくなった、という感想は持ちます。しかしそんな認識をいつでも持っているわけではありません。老人の中には、やがてこの世をおさらばするから、「もうしばらくの辛抱だ」と言う人もいるでしょうし、なにかによって憂《う》さを忘れようとする人もあるでしょう。時代がひどくなったというようなことなどを忘れさせるようなものをまた時代は用意しています。ですから、末法の時という時間に目覚めるチャンスを、私達なかなか持てないのです。時間の感覚のないままに生きているということになります。

この『正像末』の最初の和讃を見ておりまして考えさせられましたのは、次のようなことです。親鸞が八十三歳の時に、すでに「二千余年になりたもう」と言われたのですから、それからすでにもう七百三十年近く経っておる。そうすると、いよいよ末法は深くなったと感じられていいはずなのに、なぜ自分は末法が深くなったと感じられないのかという疑問がふっと起こってきました。親鸞の時で、すでに末法に入った。「悲泣せよ」というふうに言われているけれども、自分のほうは少しも末法が深くなったというような感覚はない。親鸞という人は特別のことを感じたのだろうか。特別のことを考えたのだろうか。親鸞の時代で、末法に入ってから六百八十三年経てば、それから七百三十年近く経つのだから、もう末法に入ってから千三百年以上経つ。いよいよどうしようもないくらい末法の時代という感覚が生じてもいいはずなのに、なんで自分にそんなものが感ぜられないのか。逆に結構たのしく、結構おもしろく、あたかも時間がないかのようにウロウロしているのは、どういうことなのだろうかという疑問がはじめて生じました。そこから、いろんなことを考えさせられました。

そうしてみますと、この末法ということで親鸞が言おうとされたもの、それはまず正法の時が過ぎてすでに二千年経ってきたという、そのところには、はっきりと過去がつかまえられているということです。過去が感覚されているのです。それは最初に言いましたようにに過去は業の大地としてある、その業の大地に触れたことを意味します。

つまり、だれがそんな末法にしていったのかと言うと、私達の歩み、業が末法にしていったのであって、だれかがいて、だんだん末法にしていったのではないという認識です。「我々の生き方そのものが末法へと深めていったのだ」という了解です。だから「悲泣せよ」、「悲しみ、泣け」と言われるのでしょう。親鸞はわざわざ「悲泣せよ」ということばの横に、「悲泣」というのはどんなことかと、左訓《さくん》をつけられて、「悲しみ泣くべしとなり」と言われています。「泣きなさい、泣かずにおれないことだ」と言うのです。我々、「泣きなさい」と言われたって、泣く必要をなんにも感じません。なぜ感じないかと言うと、お釈迦様の時代のことと関係がないと思っているからです。親鸞は、どうもそうではなかったようです。末法になるについて、なるようなことをだれがしてきたかというと、我等の業のほかにはないではないかという理解があるのです。我々の生活の仕方、我々の歩みそのものが、釈尊がお示しになられた法というものを、あとかたもなく消して行ってしまった。そのために、今や我々は苦悩の壁の中に閉塞しきって出口がなくなってしまっている。それが、我々の業ではなかったのかということで、そこに二千年以上の長い時間が、親鸞のところでたしかに捉えられているのです。ですから、この人は時間を持ったのです。

私達、なんにもそんなこと感じられないのは、時間を持っていないと言っていいと思うのです。せいぜい四十年でも「もういいじゃないか」ということになっております。だから五十年、百年経ってしまうと、「もう関係ない」というのがだいたい私達の時間の捉えかたです。そこに末法ということで言われたのは、単に経典のなかに正法五百年、像法千年、それ以降は末法であると説かれてあるから、「そうだ」という知識を持たれたというのではなしに、そこに生きた我々の業が時間として捉えられたのです。業というのは、だいたい過去ということにかかわりますから、時間に関係しているのです。私達はこの世に生まれ、そして今日まで来た。それはいったい何をしてきたのか。

一つのたとえを出しますというと、カミナリによってであったか、あるいは火山の爆発によってであったか、隕石が降ってきたためであったか、はじめての人類は火を見て恐れた。はじめて火を見た者、それがそれ以降何千年、何億何千年の歩みを通して、ついに火をもてあそぶまでになった。そして予想だにもしなかったような原子の火まで見つけてきた。もてあそぶようになった。これが我々の歩みです。人間の業です。人類の業です。それで今、いったいどうなっているか。火を見て驚いたことから出発して、とうとうその火によって、自分達がおれないようなところまで人間は歩んで来たのです。これが人類の業というものです。

釈尊が鏡となる

親鸞が、「悲泣せよ」と言った場合には、その我々のなしてきた業がこの身にしっかりと受け継がれている。つまり我々は、その業の大地のなかから生まれて、それを背景としてある業の身であって、仏の法に背き続けて流転しているものという了解があるものですから、業の身ということを通して、二千年以上前の時間にまでつながって深い責任が感覚されているのでしょう。この場合には釈迦如来が鏡となったのです。「汝、なにするものぞ」、「汝、どこに向かうものぞ」、「あなたはどこに向かおうとしておるのですか」ということを問として、釈尊が鏡となって自身が見えてきた時に、どこに向かうというようなものでもない、仏の法に逆らい、迷いの業を積み重ねて魔宮に至るような歩みをしてきたのであった。そこに「悲泣せよ」と言わずにおれない我々のあり方そのものが今ここに明らかになったということで、末法という時間は親鸞に了解されていたのでしょう。これによって私達に大地性を象徴する業としての時間を教えて下さったかと思うのです。

こういう時間を今、私達持ち合わせがありません。せいぜい一九九〇年、平成何年とかという時間しか持っていないのです。それも外側から決められた時間ですから、もう千九百何十年になった、あるいは昭和という時代を生きて、今度は平成という時代になったとか、明治生まれの人は明治・大正・昭和・平成と四世代を生きてきたという、そういう一つの感慨はお持ちかと思いますけれども、それもみんな外側から決められた時間です。ただそういう時間の標識の移り変わりを見て「ああ、いろいろ変わってきたんだなあ」と、こう思います。しかしそこに、我が業、明治から平成にいたるまでの自分自身の歩み、またこの世間の歩み、この世界の歩みというような、そんな視点は私達持てないでおります。みんな個人的な話になります。

そういう点で親鸞が「末法の時」ということをおっしゃられることによって我々に、生きた、しかも共同の時間を教えられたかと思うのです。この「末法の時」ということによって明らかになってきたのは何であるかと言うと、我等の世界は五濁悪世であるということです。釈尊が鏡となって五濁悪世とは「末法の時、魔宮にあり」ということだと教えられ、そのことに気づかされるのです。この気づきは「いつまでもこの五濁悪世にたたずんでおってはならない、そこを離れよ」と言いつづけているところの悲心というものに気づいていくことでもあるのです。

悲心とは大悲の心です。「今は末法だ」と、親鸞が叫んだ時に、そこに大悲の心というものを感ずることができたのでしょう。「そこにとどまってはならない、これによれ」と促す存在に気づくことです。つまり、促すものがあるからこそ我々は、自分のいるところを魔宮と知ることができ、また末法という時を生きているということを知ることができる。とすれば、そういうことを我々に教え促す存在は、時間の感覚を失って魔宮に成り果てていくような我々の歩みそのものを捨てないでいる存在である。そこに親鸞は大悲心というものを見られたのでしょう。あるいは別のことばで言うと、如来の本願とか弥陀の本願ということです。親鸞が言おうとしたものは、我々の業の歩みを明らかにして、そこに依るべきでないということを言いつづけている、また促しつづけているところのものがあるのだという、そのことではなかったかと思います。それに名前をつければ、弥陀の本願。そこに、大悲の心というものを感得された。感知された。それは、なしつづけてきた業を捨てないということです。

それはまた、責任を意味します。「お前たちがそうしてきたのだから勝手にせよ」と言うのであれば、それは責任がない話です。そういう末法に至るような業をしつづけてきたことに責任を感ずるものであるからこそ捨てないのでしょう。そうしますと、我々がもし念仏ということに眼を開くということがあるなら、すでに大悲として、捨てないところのものがあったということに眼を覚ますことにほかなりません。それに眼を覚ますということは、我々のなしてきた業に同じく責任を感ずることです。そういう責任を感ずる心というのは、少しでもそこを浄化しようという心、浄めていくという願心を意味します。責任を感じて、黙っているということではない。責任を感ずるということは、その五濁悪世、悪業の世界を少しでも浄めていきたいという願、あるいは志に生きるということになります。それこそ過去という時間を取り戻し、同時に未来という時間を我々が知ることによって、私達に一つの生き方が生まれてくる。それは人類の歩み、つまり業の世界に我々もまったく無関係ということではなかった。このことに、わずかであっても責任を感ずる。その責任を感ずるということが、この世界を少しでも浄めていけるなら、そのために生きていくのであると、そういう生き方であるかと思うのです。

末法の時の自覚

たとえば戦後、四十年ぐらいに生まれた人が新婚旅行でフィリッピンへ行くとします。フィリッピンをまわって歩いて、現地の人がたどたどしい日本語で、「何をしにここへ来られましたか」と問うたとします。それで「新婚旅行で来ました。結婚を祝ってここまで来ました」という答えを聞いて、「私にもそういう時がありました。しかしその時を無惨にも壊していったのが戦争であります。なかんずく日本兵によって間をひきさかれ、楽しいはずである時が壊されました」というような話を聞かされた時に、「そんなこと私達に関係ありません。あんた、なに言ってるの、せっかく楽しみにここに来たのに、そんなこと私達には関係ありません。もしそれを言うなら日本政府に言ってください、その当時の人達に言うてください」とは言えないと思うのです。どれだけ乱暴な人でもそんなことは言えない。なぜならそこに感ぜざるをえないものがあるからです。

それは日時的な時間からいけば無関係です。戦後四十年、三十五年以上経って生まれたのですから、関係ないと言えば関係ないのです。しかし、そういうふうに言われてみると、そこに感ずるものがある。それは罪業の感覚です。すでに我々の大地となっており、背景となっている業の感覚です。そして我々のなしている業には罪というものがある。もし、先のような話を聞くと、ジーンと来たり、もう黙って聞かざるをえないのは、そこに業につきまとう罪を感じるからです。罪という責任を感ずるのです。ですから、業と言った場合には、それぞれの業というようなとらえ方もありますけれども、そのもとに罪を感ぜざるをえない、責任を感ぜざるをえないものがあると思います。それこそ、末法という時です。ですから時間を取り戻すということは、そこに業の身であるということを知っていく。それも人類の業というものを離れずに現在の身があり、またその業に罪を感じ、責任を感ずる、そういう知り方です。

私達の業はどこへ向かっていったかというと、最初に言いましたような魔宮に向かって歩みをすすめてきたのでしょう。他化自在天の魔宮をめざして、そして他を忘れ果て、他を圧迫するようなかたちで他化自在天を形成してきたのである。こういう時間感覚というものを私達に開くものは、末法の時という自覚なのです。そうすると今、もし我々が親鸞の教えを聞いていくとするなら、時間の感覚を回復し、自らのいる場所をはっきりしていくということが、その内容になってくるかと思うのです。

浄土の往生、あるいは極楽往生ということが言われますけれども、魔宮にあるということを知らないで、浄土ということが考えられるはずがありません。親鸞が指摘したのは、むしろ我々が極楽とか浄土ということで考えているものこそ魔宮だということです。この世の、この他化自在天の魔宮にあって、それをあたかもこの世の浄土であるかのように、最も理想的な世界であるかのようにしている。「それは、方便化身の土であっても、真実報土ではない」と親鸞は語っているのでしょう。私達はそれに反して、いつの間にか魔宮の他化自在天が浄土であるかのように考えています。

それを少し未来へ持っていきますと、他界になります。今の世界ではない、他の世界ということになります。これは死後ということにもむすびついていきますから、他の世界に浄土のような世界を考える。この場合も、理想として考えられる世界は他界でありましても、やはり申し分のない世界、つまり他化自在天の延長です。私達が今日、浄土往生、極楽往生という場合の極楽も浄土も、内容は他化自在天を考えている。それを、他の世界に考える人、死後の世界に考える人もあると同時に、一方で「そんな、死んでからの話ではない、今だ」と言う人は、現在にそういう魔宮を考えている。いずれにしても魔宮の世界であることには変りはありません。

むしろ浄土という世界は、我々がいかなる時を生き、いるかなる世界にあるかということを明らかにして、「ここに依れ」ということを示すものにほかならない。私達の世界がどのようなものであるかということを明らかにして、「他に依るな、ここに依れ」と促す。そういう、「ここに依れ」という促しのところに浄土ということがあろうかと思うのです。そうしますと、浄土往生というのは、単に死後の世界を願うということではない。満たされないことを満たすためでもない。あるいは単に理想という世界でもない。それはひとえに、私達がいかなる時を生き、いかなる場にあるかということを考えて、そこの正体を明らかにして、依るべきところに依らせようとする、促すところの世界である。こういう意味になってこようかと思われます。

そういう意味では、宗教に関係あろうとなかろうと、いつの間にか私達は魔の世界をこそ理想の世界としていた。時間の感覚をなくして生きているものであった。時間なしに生きているものであるということになれば、魔宮の存在になる。そのこと全体がまた同時に、この世界を痛めつづけるということに拍車をかけることになっている。こういう意味のことが真宗ということから教えられるのでないかということでお話申し上げたわけでございます。

無人の荒野に在りて

二つの場

私達には、愛しい人を失った時、泣き崩れるということがあります。ショックの大きさで立っておれないということがあります。ある時、夢を見たのです。それも、愛しいものを失った夢を見たのです。その中で、自分が立っておれなくて、崩れ落ちるようになったことがあります。それは夢の中なのですけれども、目が覚めてから、これはいったいどういうことなのだろうかということを考えさせられました。なるほど、現実にも、愛しい人を失うと立っておれないで、泣き崩れるということがあります。足はちゃんとありますし、地面もちゃんとあるのですけれども、立っておれない。そこで気づかされたことは、人間はどうも二つの場を持っているということです。

ひとつは地球という地面です。この地面を場所にして人間は立っておりますし、生活しています。しかし悲しいことに会って、足はあり地面はあるのですけれども立っておれないということになりますと、目には見えないけれども、もう一つの場所があるように思われます。目に見えて、現実に足が立つ場と、もう一つは、目に見えない、平生は気がつかないけれども、すでに立っている場というものがある。それはどういう場であるかと言うと、ことばとしてあらわせば、「愛情」と言われるものが人間の場合、場所になっていると言っていいかと思います。愛しい人を失うということは、そこに愛すべき人、愛していた人がなくなるのですから、その愛ということが壊れていきます。日頃はそんなふうに思っていないのですけれども、壊れて見るというと「ああ、自分は自分の心と自分の意志と自分の力、自分の足で立っていたつもりだけれども、人間にはもう一つ場というものがある。愛情という場に立っていたのだ」と気づきます。夢をみて、崩れ落ちていく自分のすがたを思い浮かべながら、その夢はいったい何を言うていたのだろうかというふうに考えていきました。どうも人間は愛情というものを場として生きている存在である。それは目には見えないけれども、確かにそういう場ということがある。

そうしたことから、さらに尋ねていきますと思い当たったことがあります。それは皆さんもご承知の、「浄土」ということです。

浄土ということは、文字通りなんらかの場所を意味することばです。この浄土について、その場所は何を性質とした場所であるかということを取り上げられた方がおいでになります。普通、私達が立つ地面ですと、砂とか石とか堅い性質を持った物質が考えられますが、では、浄土という場所はどんなものを性質として成り立っているのか。そういうことを取り上げている方がありまして、それを尋ねていきますと、浄土という場所を成り立たせている性質を「大慈悲」というふうにあらわしてあります。

慈悲、伝統的に言いますと慈悲なのですけれども、今流に私達が言おうとすれば、それは愛情と言っていいと思います。

そうしますと、浄土ということを、普通には私達は死後ということで考えてしまって、今を生きる私達にあまり関係なさそうに思っている面がありますが、少し考えなおさなければならない点が出てきます。それは先程申しましたように、愛する者を失って立っておれないという、そういう問題から考えますと、私達が立っている場に関係して浄土ということがあるように思われます。ともかく、場所ということには地球という場と愛情を性質とする場と、二つの場がある。そして私達はその二つとも生きているわけです。地球だけに生きているわけではありません。

たとえば場所をあらわすのに、「針のむしろ」という場所もあります。別に針はないのですけれども、立っている、あるいは座っているところは畳なのでしょうが、そこにじっと座っていることができない。それで「針のむしろに座っているような感じがする」というような表現をします。そうすると、どうも私達は日常生活の中でも二重の場所を生きているわけです。ジュウタンの上に座っておりましても針のムシロということがあります。あるいは広い部屋が何かしているわけではないのですけれども、じっとしておれないという感覚を持つことを考えてみますというと、私達は、はじめから二つの場所に生きていると言っていいのでしょう。

そこで二つの場を生きるという点で現代を考えますと、この二つの場ともかなり危険な状態になっているように思えます。

たとえば私達が現実に立っている地面、その地面の下には地下水があります。その地下水系が汚れてくる、そして立っている場自身が安心して歩けないような場所になったりしているというところを見ますと、この地球という場も危ない。それと同時に、愛情を性質とするような場のほうも、かなり危なくなってきている。だから、だれもじっと、のんびりとしておれない。なんとなくあくせくしていなければ安心しておれないというような場になっています。のびのびしたいのですけれども、なかなかのびのびできない。そうしますと、その性質から言って、場を生きざるをえない人間の、その二つの場が二つとも危ない状態になっているのが現代という時代ではないかというふうに考えられます。今日は特にその中でも愛情を性質とする場という問題を考えてみたいと思います。

関係の場としての浄土

先程言いましたように、愛情を性質とする場という問題から浄土ということが取り上げられている、ということがあります。ですから浄土というのは、今自分はどんな場に立って生きているかということに関係するかと思うのです。ただ私達のほうは、浄土ということを、愛情を性質とする場というふうには考えない、思ってもみないために死後というふうにしてしまっているのですけれども、現実は、はじめから浄土という問題にかかわって私達は生活していると、こう申し上げていいかと思います。

そんなことをよくよくお考え下さった方々は、先輩にたくさんおいでになります。特に真宗の宗祖・親鸞は、そのことをずいぶんお考え下さいまして、そして浄土という世界や、浄土という教えはどこから出て来るのかという問題を取り上げられました。浄土というのはどこから出て来るのか。乱暴な言い方になるかと思いますけれども、簡単に言えば、関係を持って生きる人間の、その関係が壊れた時、浄土という問題は出て来るのである、と言っていいかと思います。人間は一人では生まれてくることができませんから、必ずそこに関係ということがあります。親と子、これは関係です。その親も、両親と言いますから、その両親という関係から子どもというものが生まれてきます。ですから、人間ははじめから関係を持った生き物だと、こう言っていいでしょう。だから、「私は生まれた時から天涯孤独です」ということは、本来ありえないことです。あなたは一人で出てきたのかということになると、そんなわけではないということになります。ですから、はじめから関係を持った存在です。そしてその関係が成り立つためには、どうしても場所ということがなければなりません。

普通考えられますのは、親子の関係、それが成り立つ場ということで家庭ということが言われます。具体的に住む家ということが問題になりますけれども、そこにおいて親子の関係というものが成り立つ。家とか家庭と言われることが場のように思われますけれども、それは目に見える場所です。目に見えない場所ということになりますと、これはやはり愛情です。というのは、もし親がしょっちゅういさかいをしているようなところに子どもはおれるかと言いますと、おれません。なぜなら、その両親がたえずいさかいをしているということになりますと、そこには愛情というものが失われておりますから、そういう愛情が失われた場所には、人間おれないということになります。ビクビクしていなければならないということになれば、そこは場所ではありません。ビクビクしている状態というのは、ちょうど二、三十センチの平均台の上にじっと立っておるようなものです。いつそこから落ちるか分からないというような、そういう気持でいる時にはビクビクしているということになります。

もし、その家庭に愛情というものが感ぜられない場合には、いかに親子の関係と言いましても、そこにはおれないということになります。これをもっと広げていきますと、学校という場所も当然子どもは経験してきます。学校という場所も建物がありますから、廊下や床に足が着くのですけれども、あるいは、椅子がありますから椅子に座るという意味で、目に見える場所はありますが、そこでよく新聞などで伝えられておりますように、愛情ではなくて、いじめということが行われていきますと、そこに子どもはおれないということになります。自分のことを思ってくれる友達や先生、そういう自分のことを大事に思ってくれるという愛情が感じられれば、人間はそこにおれます。しかし、刺すような目が感じられたり、いじわるなことばが聞こえたりするような場所は、たとえ椅子がありましても座っておれず、廊下がありましても、人間はそこに立っておれないということになります。そうしますと、関係というものが成り立つ場所というものがなければならない。しかもその場所が愛情ということを性質とした場所でなければ、関係というものが成り立たないということになります。

そういう意味で、人間は関係の存在ですから、関係が成り立つには場が必要です。場所が必要なのですけれども、その場所が愛情に満ちている場所なら関係は成り立つ。しかし、その場が愛情を失った場になりますと、関係は成り立たない。関係が成り立たなければ、いったいどういうことになるかというと、それぞれがそれぞればらばらにいるような状態になります。無関係ですから。同じ場所で同じことをやっておりながら、ばらばらである。これと似たようなことを家庭でも、職場でもお感じになられることがあるかと思います。みんな関係を持って一つの場所にいるのですけれども、ギクシャクしたものを感じたり、なんとなくよそよそしさを感じたりという場合には、関係が成り立っていないのです。

関係が成り立たないのはなぜであるか。そこに場が成立していないからです。その場を決定するところの愛情ということがはっきりしないために、なんとなくよそよそしいものしか感じられない。そうなりますと、お年寄りはお年寄りで、「早くお迎えが来てほしい」というふうに言うてみたり、「どうせ、早く死んでくれと思っているんでしょう」と、いやみを言うてみたり、そういう状態に変わってきます。

そういう時に、普通私達が浄土の教えを聞こうというふうにならないのは、浄土という問題がそういう場に関係して語られているということを聞いたことがないからです。そんなことを『正信偈』に尋ねたり、親鸞のことばに尋ねたりするようなことは、どうも見当違いではないかと、勝手に決めてしまっている点があるかと思います。その点で、場という問題をとおしていきますと、より一層、親鸞のことばに身近になっていくことができ、また今日の「場」の問題も少しははっきりしてくるのではないかと思います。

それはともかくとしましても、関係が成り立つには場が必要である。その場を決めているものが愛情である。このことは了解いただけたかと思います。

ですから、家庭がありましても、また会社という場がありましても、また学校という場がありましても、その場から愛情というものが消えていった場合には、関係というものは成り立たない。そうしますと、いかに身辺におりましてもばらばらのものがそこにいるだけであるということになります。

人間における関係

それについてこんなことがあります。これは私のほうが異常なのかもしれませんけれど、最近は少し慣れましたが、あの地下鉄が私は非常に恐ろしいのです。地下鉄ですごく恐ろしいなと思ったのは、大阪の地下鉄です。ほんとうに無気味な感じがするのです。地下鉄に乗るたびに恐ろしいなという気持があるものですから、だいたいどこに乗るかと言いますと、扉のところです。なにかあったらすぐ出れるようにというので、いつも出入口の扉のところに身をひそめるようにして乗っていました。それは、こちらの精神状態がおかしいのかなと思っておりましたけれども、今のように考えていきますと、同じ地下鉄に多くの人達といっしょに乗っているのですけれども、そこの場所には別に愛情というものは感じられませんから、全く知らないものどうしが、てんでばらばらに乗っているという状態です。

ラッシュになりますと、全身を隣の人と触れあうようにして乗っているのですけれども、そこに別にあたたかさを感じるわけでもなく、逆になんとなく無気味なのです。というのは、隣の人が何を思い何をするか全く分かりません。そして、隣の人の隣の人も、また何を考え何をしているのか全く分かりません。そういう人々が狭い場所にてんでばらばらに肩を触れあわせて乗っているのですから、なんとなく気持が悪いわけです。

そうやって考えていきますと、これは自分の精神がちょっと異常だから、そんなことを思うのでなくて、どうもそこが場所でなくなっているせいだと思うのです。そんな中でも、たまたま知っている人に会いますと、いっぺんにその恐怖感は取り除かれます。はじめてそこに関係というものが成り立ったわけです。それも、いやな人が乗ってきたらちょっと困りますけれども、いやでなくて、「ああ、なつかしいな」と思えたり、少しでも愛情に関するようなものが出て来れば、そこの場所は、どれほど息苦しい場所でありましても、そこに生きることができ、そこに耐えておれるということがあります。そういう意味では、ぜんぜん無関係なものばかりが集まっている場所というものは、実に殺風景です。どれほどの人が集まっておりましても非常に殺風景な感じがします。そういうことが場ということなかにあると思われます。

それで、この場ということをお考えになられた親鸞の先輩ということになりますと、曇《どん》鸞《らん》をあげなければなりません。この曇鸞という方が、浄土というのは愛情を性質とする場所であるということを教えられて、そしてそこに三つの愛情をあげられています。

人間は同時に三つの関係を持つものであり、関係が成り立つためには愛情ということがなければならないというので、まず三つの関係を取り上げられます。三つの関係と言いますのは、最初にことばだけ挙げておきます。一には衆生縁《しゅじょうえん》、二には法縁《ほうえん》、三には無縁《むえん》です。

まず衆生縁から考えていきます。人は人の中に、人から生まれて生きるものでありますから、そういう関係を衆生縁と言います。衆生ということばは皆さんもお聞きになっておられると思いますけれども、こまかい字句については申し上げませんが、これは生きとし生けるものという意味です。もっと身近に言えば、人間と言ってもいいわけです。

人は、人から人の中に生まれ、人の中を生きていくのですから、人々との関係を生きるものです。そういう意味で、衆生縁と言いまして、「縁」というのは関係ということです。

衆生縁。人は、人から人の中に生まれる。もしそこにひとかけらの愛情もないということになれば、生まれたいのちは三日ともちません。その点、人間の子どもというのは、はじめから愛情なしに生きていけない生きものです。鮎のように、親は死んで卵が残って、その卵から出て川で泳いでいくというような、そんな生きものではありません。鮎は一年魚と言われますから、鮎は親を知らない。それでも鮎は生きていきます。しかし人間の場合には、生まれたからといって、それで放っておけば、たちどころに死んでいくものです。ですから人間が生きていく場合には関係が成り立っていなければなりませんし、またそのためには愛情ということがもとになければなりません。

ところで、この衆生縁と愛情の関係ですが、今も申しましたように、愛情がなければ人間は生きていけないのですけれども、では、人間の持っている愛情というのは大きいものであるか、中くらいのものであるか、小さいものであるかと言った時に、曇鸞はその先輩に当たります龍樹《りゅうじゅ》という方の著作を尋ねられまして、人間の愛情は残念ながら小さい。その愛情は小さな愛情だという意味で、「小悲」と言わなければならない、とおっしゃっています。

もし大きな愛情が私達にあるなら、崩れる、壊れるということがありませんから、だれも行き違いをすることはないはずです。生き別れということなど、本来ありうるはずがありません。仲違いをして、もう顔も見たくないというようなことになるはずがないでしょう、もし大きな愛情なら。現実は、親子の関係も簡単に崩れる場合があります。兄弟の関係も、たいへん危ういものです。

愛情で満ち満ちている場合には、相手を見る場合に、愛しい人、かけがえのない人という感覚があります。「この人を失ったら……」、「この人が大事なんだ」ということで、愛情ということが性質となっている場所においては、その関係は愛しい人という、「人」というあり方であらわれてきます。

しかし、関係が崩れてしまった場合に、相手はどんなふうにあらわれてくるかと言いますと、けんかをした時のことを思い浮かべていただければわかりますけれども、どういうわけか相手の顔が鬼のように感じられます。私達は鬼を知りません。鬼ってどんなものか知らないのですけれども、「鬼のような顔」というような言い方をするところを見ますと、その相手の顔が「人間」に見えないのでしょう。

「人間」というと、充分な表現でないと思うのですけれども、もし人間ということばを使わないで言うなら、あたたかいものが相手に感じられるとでも言いましょうか。好きだと思っている時の相手というのは、いろんな欠点があっても、みんなそれがあたたかく感じられます。しかし、一つ嫌いだということになりますと、することなすこと、箸の上げ下ろしまで嫌になってきます。相手が、実に嫌なものとして見えてきます。

その嫌なものに、だいたい三つ考えられまして、一番軽い時には、その相手の嫌なものは、だいたい「餓鬼《がき》」のように見えるわけです。ガキの「キ」というのは鬼という字を書きますが、鬼ぐらいに見える時はまだいいのです。もっとひどくなりますというと、「畜生」と叫ばざるをえないようなものに見えてきます。それがもっとひどくなりますというと、今度は「地獄」です。ですから、餓鬼、畜生、地獄というふうに、だいたい相手がそんなふうに見えてくるのでしょう。あたたかく見える場合には、そこには人間を感ずることができます。

だから私達の関係も、そこの場所がどんな場所になっているかによって、餓鬼に見えたり、畜生に見えたり、地獄に見えたりして、つまり簡単に言えば、人間が消えていくのです。人間が消えて、人間がいないことを無人《むにん》と言います。人間が人間でなくなっていってしまうのです。

関係が崩れる時

人間が人間でなくなっていくことについて申しますと、私事で恐縮ですが、私は九人兄弟の八番目ですので、兄弟のことで考えてみたいと思います。私達の年代ではよくあることなのですけれども、兄弟九人もおりますといろいろあります。しかし、兄弟の関係というものも、愛情ということがもとになっている時には、たいへんうれしいですし、あたたかいものがあります。兄弟どうしで会えた時でも、非常に喜びがあります。

私の場合には、幸いに親が貧乏でありましたから、分けるような財産もありませんでした。ですから財産争いということなどは起こりようがありません。ただ父親は、字を書いたりするのが好きで、子ども達に自分が心を込めて書いた字を一人ひとりに、一人ひとりのことを思うて字を書いて、それを子どもに分けたぐらいで、あとなんにもありませんでした。書ぐらいで、それもちょっと書けば何万円とか何百万円とかいう、それだけの技量を持った親なら、これまた問題になるのでしょうけれど、ただ字が好きで書いたという程度のことですから、どの字をもらっても、「あれがほしい」なんて、だれも言いません。

いさかいの起こりようもありませんでした。そういう意味からいきますというと、なんとなく兄弟だというふうにしてきたのですけれども、その兄弟の中にも、もし愛情ということと違うものが、そこの場所になった場合には、いっぺんに関係が変わってきます。

どういうものを持ち込んだ場合には、関係はいっぺんに壊れます。財産、遺産の問題の時には、比較という性質をそこに持ち込んだ場合には、関係はいっぺんに壊れます。財産、遺産の問題の時には、夫婦の場合、片方に半分、あとを子ども達が分けていくというやり方ですから、はじめから比較になっています。そして比較ですから当然多いとか少ないとかという問題になってきます。こういうものがそこの場所に持ち込まれてまいりますと、愛情という性質の代わりに比較という性質が入ってきますから、「私が少ない、あんたが多い、なんであんたが多くて私が少ないのか」という問題に変わってきます。

もっと分かりやすい例で言えば、よく子どもが学校に入って、そして試験の答案用紙を焼こうとして学校まで燃やしてしまったという話があります。あれは何を意味しているかと言うと、たとえば不用意にお母さんでもお父さんでも、「お兄ちゃんはなんにも、言わなかったけれどもよくできたが、お前はなんだ」ということになりますと、「お前はなんだ」と言われた子どもの心の中に「お兄ちゃんなんか、いなかったらどれだけいいだろうか」という心が起こってきても不思議ではありません。その心は人を消す心です。そして、お兄ちゃんを消すのは恐ろしいですから、「ああ、学校の試験が自分を苦しめるんだ」と考えて、「学校がなかったら」、「試験の、あの用紙がなかったら、自分は苦しまなくてもいいのになあ」と、子どもごころに思って学校を燃やしてしまうということだって起こってきます。

それは、普通、兄弟という関係は愛情に満ち満ちた場所の上に成り立っているはずなのでしょうけれども、そこの場所に比較、あるいは競争、つまり「あの人が優れていて、この人が劣っている」という競争を性質とするような、比較を性質とするようなものがその場所の性質となったとたん、人間の関係は人間の関係でなくなっていきます。お兄ちゃんであっても「畜生」と思います。親はそんなつもりで言っているわけではないのでしょうけれども、「もっとがんばってほしい」というつもりで言っているのでしょうけれども、そういうことばの中に愛情が感じられずに、競争・比較ということで、自分のほうが馬鹿にされたような感じになってしまいますと、家だって面白くありませんし、親の顔だって見たくないということが起こってきます。

そういう点では、人間は関係を持って生きる存在なのですけれども、へたをすれば、その場所はいっぺんに壊れてしまって、人が人でなくなっていく。人が一人もいないような場所にすぐ変わっていく。

そのようにもろい面があるために、人間の関係が成立する場所を「小悲」と言われたのです。人間は愛情なしには関係が持てないけれども、人間の持っている関係の場は、すぐ比較とか競争とかというものが持ち込まれて、もろくも崩れていく面があるということから、人間の愛情を小悲、小さな愛情というふうにあらわしたのだと思います。そういう点では、私達が持っている心、愛情を持っているとたしかに思っておりますけれども、自分が持っているという愛情がもろいために、どれほど自分は人を消してきたであろうかという問題もあります。相手を畜生にし、相手を餓鬼にし、相手を地獄にし、相手を鬼に、どれほどたくさんしてきたことだろうか、という問題もあります。

そういう意味では、私達はいつでも人を消していくようなものを持っているのではないかということが教えられてくるかと思います。「世の中、せちがらくなって、みんな人であることを失ってしまった」と、他人ごとのように言っていますけれども、どうもそうではなくて、私達の日頃の生活が競争とか比較とかいう性質をその場所にしているために、愛情はもろくも崩れて場所を失う。場所を失えば関係というものが崩れていく。関係が崩れていきますと、そこにじっとしておれないということがあって、なんとなくうらさびしく、なんとなくやりきれなく、なんとなく居ごこちが悪いという経験をすることになるかと思います。そういう問題が、突き詰めていけば浄土という問題につながっているのです。

人が消えていく

私達もそれぞれに関係を持って生きているのですけれども、残念なことに私達の心が壊れないような大きな愛情を持っておればいいのですけれども、その時その時の気分によって変わっていきます。ですから、せっかく出来上がった関係も壊してしまったり、相手が鬼や夜叉のように見える状態になったり、そういうことを繰り返すことになります。それが私達の生活のように思われます。

そういう意味では、場がなければ生きていけないのですけれども、その場がまことにもろい場所になっている。そして特に今日のような社会になりますと、競争という性質がいたるところに入ってきます。

考えてみれば、私達の心はものを分けて知るという構造を持っていますから、はじめから私達は比較・相対の中にいるのです。ですから、私達の場はどうしても、この比較という、それがやがて競争となるものを性質とせざるをえないのです。

　まず学校は、はじめから競争の性質を持った場所です。だから、いじめということが起きて来ても不思議ではない場所です。そういう競争を性質としていますから。

　そして世の中に出れば、今日私達の社会は資本主義社会です。これも競争原理というものがもとになっています。ですから、新入社員から社長まで、そういう比較された、あるいは競争ということをあらわすような仕組みになっています。そこで人間としてのあたたかいものを感じ合って生きるというようなことは、会社から言えば必要ないわけです。競争にまず勝たなければならないからです。

　私は金曜日の夕方などに飛行機に、あるいは新幹線などに乗る機会があるのですけれども、たいへん込み合います。なぜかと言うと、単身赴任の人達がいかにも多いからです。サラリーマンの人で、いっぱいになります。私もそんな時に乗っているのですから、ほとんどそういう生活をしているのですけれども、単身ということは家庭という場を離れて、競争原理を性質とするような場をこそ生活の場としていることを意味します。家庭というのは、そういう競争原理で成り立っているものではありません。親子、夫婦という関係は、愛情を性質とする場所において成立するものであり、それが家庭と言われるところです。

そういう場所から出て単身赴任している人達が、金曜日に、今度またその場所に戻ろうとします。飛行機に乗っていますと、こんな話をよく耳にします。「明日、土曜日だけれども、家に帰ってどうするんだ」という話をサラリーマンの人どうしで話しているのです。聞いていますと、「明日は接待ゴルフがあって朝早くから出なければならない」と、そういう話です。そうすると、家の者から「あなたはだれのために生きているのか」と言われる。「そんなこと、言われなくても分かっている。こちらは仕事上やむをえない。契約を取ろうとすれば、そんなこともしなければならない。家族の刺すような目を感じながら出ていかなければならないのだ」というわけです。そして「日曜日は、いいかげんな時間を見計らってまた東京のほうに戻らなければいけないから、家族と一緒に話しあったりする時間がなかなかとれない」と、一人は嘆いているのです。

もうひとりの人は「家には帰りたくない。子どもも高校生で、一番大事な時期になっている。いろんな相談を受けるのだけれども、それがだんだん面倒に感じられる」と。そうなると、奥さんに「みんなお前やっとけ」というような話になってしまって、「家に帰っても、帰ったような気持になれない」と、こういうような話を単身赴任の人達がしているのです。

これはどういう性質の問題であるかと言いますと、家族は本来は愛情ということが性質となって出来上がっている場所なのですけれども、サラリーマンの人達は競争を性質とするような、比較を性質とするような場におりますから、その場にいる人が家庭という場に戻ってきても競争・比較の原理のほうに頭がいっぱいになっていて、家族のところに戻っても、のんびりとできないことになっているのです。

そうしますと、今日の社会は、人間を人間でなくしていくような方向を強く持っているということになります。では、それだけ会社のために一所懸命やったからといって、会社がすべてみてくれるかと言えば必ずしもそうではありません。だからよく問題になりますような、過労死ということがあります。それは会社の責任だと言っても、会社のほうはなかなか認めようとしません。会社はその資本の性質から言って、お金を雪ダルマ式に殖やしていくことを性質としています。

会社は雪ダルマを減らすつもりはさらさらありません。雪ダルマを大きくしていくには、周りにある雪をみんな巻き込まなければなりません。そして、雪ダルマが大きくなりますと、そこにある砂利であるとか木の葉であるとか、木のクズであるとか、みんな巻き込んていきます。雪ダルマが大きくなればなるほど、時には地面の土までも巻き込んでいきます。そうして大きくなっていく。これが会社の資本の性質です。その中に人間もみんな巻き込まれていきます。

そうすると、雪ダルマが大きくなるために人間が巻き込まれていきますから、いつの間にか、人間が人間でなくなっていきます。そして定年などを迎えた時には、何をしてきたのかよくわからないということが現実に起こってきます。これだけ一所懸命、会社のために働いたのだけれども、結局自分の人生はなんだったのだろうかということになります。巻き込まれて、そして雪ダルマが大きくなるために一所懸命やったのですから、人間として生きてきたというような感覚が持てないわけです。だから今度は何していいのか分からなくなるということがあります。人間としてどう生きたらいいのかということを、今まで考えなかったわけです。そんな問題も私達のところには起こっているかと思います。

そういう点で、現実に私達の住んでいる社会は、愛情ということを性質とするような場でなくて、競争・比較ということを性質とするような場になっていて、そしてそのような場が家庭の中にまで入り込んで来ています。

そうしますと、人間が人間として、あたたかく相手を見ていけるというような場所は実に狭くなっていく。最後は、そういう場すらも消えていきそうな感じに、今日はなっているように思います。我々の今住んでいる社会は、どうも人間がだんだんと消えていくような場所になって来ています。そんな中で、人間であるということを取り戻すにはどうしたらいいかという問題が、大きな問題として今日出てきているかと思います。

それで、言おうとしました事柄は、関係なしに生きられない人間ですけれども、その関係が成り立つ場が競争や比較ということを性質とするような場になっていってしまって、愛情を失ったということです。そのために関係が崩れてしまって、相手が地獄とか餓鬼とか畜生というふうに見えてしまうような関係になったということです。

自然との関係

私のところは石川県の海ぞいの町なのですけれども、海ぞいですから、時々海へ行きます。そうすると、何台も車がとまっていて、そして年の頃なら三十代とか四十代とか、時には五、六十代の人達が車に乗って海を見ている光景によく出会います。

なかには窓を開けっ放しにして、シートを倒して、海の見えるところで休んでいるようなことがあります。これなどは、海になにをしにくるのかと言いますと、海が見えるところにいると、やはり安らぐのでしょう。

そういうことを考えると、私達も、面白くないことがあったりした時、草むしりをしたり、花の世話などをしてると、なんとなく心が紛れることがあります。それは何を意味しているかと言いますと、人間は関係するという場合に、人と人と関係するというのが一つありますけれども、もう一つは自然というものと人間は関係を持って生きていることをあらわしています。

私達の生まれた場所は自然環境という意味の場所です。簡単な言い方をしますと、海へ行かれた場合でも山へ行かれた場合でも、大きな声で、「オーイ」と叫んでみたいような気持が起こります。もちろん山の場合にはヤマビコを楽しむということがありますけれども、向こうにだれもいません。あるのは木と山だけです。その木と山に向かって「オーイ」と叫びます。

なぜそんな気持になるかというと、自然というその場所は愛情を性質としているからでしょう。私達のムシャクシャした心や、閉じ込められた心を開いて、そして相手に呼びかけたいという心を開く意味を自然は持っているかと思います。

私は海に近いですから海岸に行ってみますと、大きな声を出して、「オーイ」と言うている人もおりますし、日頃あまり歩かない人でも波打ち際をずうっと歩いてみたり、あるいは石を投げてみたり、身体がそれだけほぐれているのでしょう。だいたい石を投げようという時には、身体がほぐれていないと投げられるものじゃありませんし、またそういう気持にもなりません。つまり海という自然が人間の縮こまった身体や心を徐々に開いていって、なんとなく身体を動かしたい気持にさせます。

これは普通、人間の関係でもそうですけれども、好ましいと思う人、愛しいと思う人と出会った時には顔の頬も緩みますし、身構えているものも取れますし、ゆったりとした気持になります。だけど、「嫌だな」と思う人が来た時には顔はひきつりますし、そして肩に力が入りますし、ぎこちなくなります。

それと同じような意味で、自然の中に入りますと、そういう肩に入った力がすうっと抜けていき、そしてかたくなった心がだんだん柔らいできて、そして自分から動き出したいような気持になり、声を出したいような気持になってきます。

ということは、自然という場所は、実に深い愛情を持っているということになります。愛しい人と出会ったと同じような意味合いを、自然が持っているということになります。

だから花を見たり月を見たり、あるいは紅葉を見たりというようなことから、昔から人間は「自然」に愛情というものを感じていたのでしょう。

そういう意味で、人間の愛情の場合には、すぐに比較が入ってきますから、好きとか嫌いとかということになってしまって、ひきつったり、縮こまってしまったりしますが、自然が持っている愛情は、好き嫌いということを言いません。あの人嫌いだから、涼しい風を吹いてやらないといったことは自然にはありません。

自然は分け隔てなく、非常に深く広い愛情を持っています。ですから、面白くないなと思う時には山に出かけたり、湖に出かけたりということを人間はします。そうせずにおれないのは愛情ということが感じられなければ、一日だって生きていけないからです。

これに関連して言えば、この建物（本堂）自体がそうですけれども、これは自然の素材が使われています。柱にしても畳にしても、日本の家屋というのは自然がだいたい主たる資材になっています。しかしホテルとか、都会なんかに行きますと、ほとんど自然というよりは加工物です。もとあったものからはとうてい考えられないような形に変えられてありります。都会というのは人工加工物です。加工されたものです。そういう場所におりますと、なんとなく疲れてきます。それで緑のあるところとか、水の豊かなところに出かけて行って身体をほぐすということがあるのでしょう。

そういう点では、人間はどこかで愛情が感じられなければ生きられない。そして愛情が感じられない時に、人間は人間でなくなっていく。愛情がその場の性質にならなければ、人間の世界は競争・比較という原理が性質になりますから、お互いがお互いを地獄・餓鬼・畜生というふうに見てしまう。

だから、自分を上だと思っている人は、下の者がなにかゴチャゴチャ言うと「あの餓鬼が」と言いますし、自分が下だと思わされていて上の者を見るというと、「畜生」としか見えません。そんな場所にはお互いにじっとしておれないというので、これは地獄というものになります。

地獄というのはじっとしておれない場所を指すことばかと思います。

そうしますと、私達の毎日の生活は、地獄・餓鬼・畜生ということが、繰り返しくりかえし生まれ出てくるような場に身をおいているということになります。

問題は、地獄・餓鬼・畜生にならないためには、いつも海のそばにいて、というわけにはいきません。山を持ってくるわけにもいきません。自然はその時だけのものですから、あとはまた山へ行くまで耐えておこうという話になります。

自然は大きな愛情を持っているのですけれども、人間のほうは、絶えずそれを感ずるわけにはいかない生活をしています。しかし、私達の関係は、愛情を失った場所では地獄・餓鬼・畜生というあり方を心ならずも作り上げていきます。地獄・餓鬼・畜生はどこにあるか、遠いところを探さなくてもよいことを了解していただいたのではないかと思います。

如来と人間の関係

次に第三の関係に移ります。

その第三の関係とは如来と人間の関係です。如来との関係が人間にあるということを、曇鸞は言っておられます。今申しました自然との関係のことは、ことばとして言いますと法縁と言われています。この「法」というのは、広い意味で自然をあらわします。人間が生きていくのにどうしても必要なものを法縁とあらわしたのです。そして、人間の愛情と違って、分け隔てない愛情ということで「中悲」と言われます。

しかし、今日では、自然も危機的です。先に言いましたような人工化の領域がどんどん広がって、自然の深いところまで資本の原理が入り込んでいるからです。ですから、自然が楽しめる場所ということになりますと、ほとんどたくさんのお金がかかります。そしてお年寄に向かないようになっています。車の運転ができない人には縁がありません。車で自然の豊かなところへ行こうというのですけれども、車がそこに行くのに、だいたい自然を汚していきます。ゴルフ場が代表的な例です。なにしてるのか分からないことを人間はやってきています。

そういう法縁ということと、もう一つ如来との関係が人間にあると、曇鸞は言います。如来との関係が人間にあるのだ、と言います。

それは先程言いましたように、愛というものを性質とするような場所でない場合は、限りなく地獄・餓鬼・畜生を生み出していくような生き方になっていく。つまり人を消していく。人が消えていく。無人の場所になります。人ひとりいないような場所に私達は作りあげていく。

では、仏様との関係ということで、そこで何が出てくるかというと、そういう地獄・餓鬼・畜生というものを生み出しつづけていることについて、愧《はずか》しいと思う心を起こす。そういうことについて、痛ましいという心を私達に感じさせる。たいへん罪深く、たいへんさみしいことを毎日毎日繰り返しているのだということについて、痛ましく、愧しいという心を私達の心に起こさせるというところに、如来との関係ということが出てきます。なかなか、そんな心を私達は起こしてみようもないのです。「世の中、みんなそうじゃないか」と言って、かえって居直ってみたり、開き直ってみたり、「もっとひどいのがいるぞ」という話になったりします。

そんな私達に、地獄・餓鬼・畜生を生みつづけているようなあり方を自分はしつづけているということについて、痛ましく、愧しいという心を起こさせる形で、如来は愛情をお示しになられます。如来の愛情は、愛情を失って、「どこにも、人が人としてあたたかく見えるようなところは、この世なんかにはない」と言うている私達のありさまを、愧しいと思わさせる形で、どんな人もあたたかく見い出せるような、そういう場というものを開かれる。

人間が住める場所というのは、愛情がもとにならなければ住めません。その愛情が、衆生縁・法縁という愛情で感覚されるから、私達は今、生きていることが可能になっているのですが、この二つの愛情が危機的になっていて、だれもが息苦しさを感じているのが今日のすがたです。このことと如来の愛情が関係するのですが、如来の愛情と言いましても、どこかに太陽の光のように降り注いでいるというのではなくて、この私達のほうに、毎日の私達のありさまが人を消していく、人を人としないような地獄・餓鬼・畜生を生み出すようなあり方をしているということに気づかせ、愧しいと思わせる、そういう形で如来の愛情ということが知らされてきます。愧しいという心が起こった時に、人間はあたたかいものを持つことができます。

そしてそういうふうに、自分に知らされた、愧しいと思わせられた愛情というものが、自分だけでなしに、それこそ生きとし生けるものに、そういう愛情がかけられているということを同時に知ることになります。そうしますと、如来の愛情を知るところに、私達は人となれる、他の人もまた人となれるという意味で、如来の愛情が場所という意味を持ってきまして、その場のことを浄土というふうにあらわされてきたかと思うのです。

そういう点では、私達が人間を取り戻すためには、浄土の往生ということを果たし遂げなければならないということがあります。

一番最初に申しましたように、愛しいものを失った時に崩れ落ちてしまうというのは、つまりそれは、場がなくなったのだ。そして場のようなものがあったけれども、消えたり、かすんだり、そしてついに違うものになったりするような中にあって、如来の愛情が私達の世界の場になって下さる。そういう場に目を覚ましたり、場に気がついたことを「浄土の往生」ということで教えてきたのではないかと思います。

そういう点では、死後の問題ではなくて、関係を持って生きるということがある以上、浄土ということは、私達にとってゆるがせにできない問題になるのだという、そういうことをお話したかったわけです。

関係の成り立つ場

私達は「浄土真宗」とか、「浄土往生」とか、よく「浄土」ということを耳にするのですけれども、それがどこにどんなふうに関係しているのかということになりますと、なんとなくそれは未来であり、死後というふうに感じておりまして、今自分が生きている真っただ中のところで、浄土ということが関係しているのだということを感じ取っていただければということで、先程お話申し上げたわけです。

それで、衆生縁、法縁ということをお話しておりまして、三つ目に如来と私達との関係ということがある、ということを申し上げました。

では、その関係がどういう形で成り立つのか。そこに慙愧《ざんき》の心というものがある、と親鸞は言われます。この慙愧のことについて親鸞が引用している経典があります。そこではどういうふうに言われているかと言いますと、慙愧心があるということによって「父母・兄弟・姉妹あり」というような関係が成り立つとあります。

普通、親子とか兄弟とか、血でつながっておればその関係が成り立つと、私達は思いがちです。しかし、親鸞は慙愧心というものがもとになることによって、はじめて親子とか夫婦とか兄弟という関係が成り立つという、そういう経典の文をお引きになられて、私達に注意を与えていらっしゃいます。

その慙愧心は、午前中申し上げておりましたように、私達の生き方についての目覚めに関係しています。つまり、私達の生き方が地獄とか餓鬼とか畜生というものを生み出していくような生き方をしているということへの目覚めです。そのことについて、私達は全く気づかない。それが当たり前であり、そしてどういうわけか、自分のやっていることでありますと正しいように見えるのが私達ですから、なかなか自分の生き方、自分のあり方というものが地獄・餓鬼・畜生を生み出すような場に立っているということがわかりません。そういうことに気づかないということがあります。

それに対して、如来の愛情は、私達と関係を持ち、その関係の仕方のところに、慙愧心を生み出すことによって如来と私達の関係が成り立ってくるということを、曇鸞・親鸞が教えて下さってあります。

その慚愧心のことを考える前に、もう一つ触れておかなければならない問題があります。それは、たとえばこの岩手県に関係があるとしますと宮沢賢治さん、あの方の残されたことばの中に、「世界中が幸せにならなければ、自分の幸せなんかないのだ」ということばがあります。東に苦しむ人があれば、また南に苦しむ人があれば、そこに行ってじっと寄り添っておりたいという、「雨にも負けず、風にも負けず」という詩があります。それらを聞きますと、私達も「あんな気持になれたらな」ということはあります。

この「世界中が幸せにならなければ自分の幸せなんかないのだ」というその心は、これは非常に広い愛情と言わなければなりません。世界中を乗せることのできるような心という意味になります。これを昔から伝わって来ていることばで言いますと、そういう心を「菩提心」と言います。この菩提心も愛情がもとになりますが、先に言いました「衆生縁の小悲」とも、「法縁の中悲」とも違います。これは如来の教化によって生まれる心です。

しかし私達の心というのは、真っ先に自分のことを考える心です。つまり、自分を最優先にする心です。ですからそんな心の中には、なかなか人を入れることができません。よく言われるたとえですが、今私がここに立って皆さんの顔がみんな写るような写真を撮るとします。すぐそれが出来上がって皆さんにお配りするとしますと、最初にだれを探しにいきますか。写真というのは、別にどこから見なければならないというような決まりはありませんが、不思議なことに私達は、真っ先に自分を探しにいきます。ですから、私達の心というのは、真っ先に自分のことを考える心です。その写真の例で言えば、自分がうまく写っていない場合には、そこにどんな人が写っておろうと、その写真はだめな写真になります。ですから、私達の心の中に、いろんな人達を乗せることのできるような大きな心というものは、どうも持ち合わせがないということになります。宮沢賢治のように、「世界中が幸せにならなければ」というような心は、よほど大きな心と言わなければなりません。

しかし、そんな心を私達は持てないと思いますけれども、ある時にはちゃんと持っているのです。それはどんな場合であるかと言いますと、たとえば、「地球が汚れていって困ったことだ」という心は、これは地球全部を乗せるだけの心を、私達がわずかながら持っていることをあらわしています。このままで行ったら地球全体どうなるのだろうかという心を持ちます。心配になるということがあります。水も汚れる、空気も汚れる、川も汚れる。食べ物もよくない。だから若いお母さん方で、子どものアトピー性皮膚炎でずいぶん悩んでいる方がおいでです。あれも、どうも原因がよくわからない。「食物によるのじゃないか。環境によるのじゃないか」といろいろ言われます。もしアトピーの子どもをお持ちのお母さんが、自分だけでなしに、今から生まれてくる子どももこんなことになったら、お母さんも苦しいだろうし、子どももたいへんだなあという心を起こして、「なんとかこういうものが出て来ないような環境になればなあ」という心を起こすなら、その心は世界中を乗せるだけの心になります。

だから、テレビでも二十四時間テレビというのがありまして、「愛は地球を救う」ということで、その愛情に世界中の問題を乗せて、そして地球がよくなるようにという心をあらわすのでしょう。

そうすると、私達の心も、別に菩提心ということばを知らなくても、また菩提心ということを別に意識せずとも、私達の日常の生活の中で、世界中を乗せるに等しい心をかすかにもあらわすことができます。その意味では、私達の中にも菩提心というものがないわけではありません。あるいは差別という問題も同じようなことです。いわれのない差別で苦しんでいる人達がいる、苦しめられている人達がいる。「差別のない世界を」というその心は、これもやはり大きな菩提心という意味になります。

問題は、その菩提心が長つづきしないということが私達にあるということです。世界中を乗せたり、世界中の人達を乗せる心というものが、私達にないわけではない。環境のことを聞いたり、差別のことを聞いたりすると心が痛みます。「ああ、差別のない世界を」と思うのですけれども、その心が文字どおり広い心で、ずっとつづいてくれるならよいのですが、その心がすぐ小さくなったり、あるいは破れてしまったりするところに問題があります。

たとえば地球環境の問題で言いますと、まず私達に一番身近なところでは、ゴミの問題があります。このゴミで困っていない人はいないのではないかと思います。この辺でも、もし町にお住まいの方でありますと、庭の草むしりをしたとします。では、その草をどこに処理するかとなりますと、これは処理のしようがないのです。市のほうでゴミ収集に来ますけれども、草など植物類は収集していきません。あるいはお寺さんになりますと、しょっちゅうお花をかえます。あの枯れたお花でも、どこへも捨てようがないのです。乾かしてから、どこかで燃やすか。その燃やす場所だって、そういう場所を持っておいでの方はいいですけれども、そうでない人は処置に困ります。そういうことが現実に起こってきますというと、地球を汚さないようにという心は分かりながら、またそうしたいなあと思いながらも、菩提心とも言うべき心が小さくなっていきます。

ですから、「そんなこと一人で考えてもしようがないじゃないか、一人の力でどうすることもできないじゃないか、これこそ国全部を挙げて考えなければできないことである」となって、無力な心に変わってしまいます。世界中を乗せるような大きな心も、いつの間にか小さなものになっていきます。

そして最後には「どうせ私達はそんなに長生きしないから、まあ後の人が苦労するでしょう」となりかねません。このように菩提心と言われるものが長続きしないという問題が人間の中にあると言わなければなりません。

みんな、話ならよく分かるのです。世界中の困った問題、苦しい問題、そういうことを聞けばよく分かります。なんとか力になれたらなあという心も起こすのですが、残念ながら私達の心は、自分を真っ先にするという心が強いために、せっかくの菩提心も途中で壊れていく、小さくなっていく、そして破れていくということを経験するように思うのです。

しかし、菩提心はこれやはり愛情ということを中味にしています。ただ、広い愛情、深い愛情と言われるのですが、その菩提心が小さくなったり、壊れたり、破れたりするものですから、衆生縁と同じように、私達の住む場が愛情を失ってしまうような場に変わっていってしまう。

そうすると、そういう場は、場という意味を持ちませんから関係が成り立たない。成り立たないところでは、人間は人間になれない。あたたかいものをどこにも見ることができない、感ずることができないということになっていきます。

そういう意味で、人間がどうしても求めるものは、自分も周りの者もあたたかく見られるような、そういう場というものをどこに見い出したらいいのだろうかということで、どうも人間は、一生かけて場をさがしていると言っていいかと思います。

どこに向かって生きているのだろうかと言えば、どうも場を探して歩いている。自分がほんとうに自分になれて、そして周りの人をあたたかく見ることのできるようなことが出てくるような場がないであろうかと、そういう場を探していると言っていいのでしょう。

浄土往生の意味

このことに関して私達にいろんなヒントを与えてくれるに違いない経典があります。それは、すでにお聞きになっていらっしゃる方もおありでしょうけれども『観無量寿経《かんむりょうじゅきょう》』という経典です。

この経典は、簡単な言い方をすれば、親子の関係が破れてしまい、夫婦の関係が隔てられてしまって、どこに立っていいかわからなくなってしまった一人の女性が「これからどうしたらいいのか」ということを、お釈迦様に尋ねるということがテーマになっている経典です。

これは、親子の関係が完全に切れてしまい、そして夫婦の関係も隔てられてしまった。関係が成立しないということは、愛情を性質とする場を失い、またどこにもそんな場が見つからなくなってしまって、ただ一人になってしまったという、そういう人間の問題を取り上げた経典です。

その意味では、いつでも私達もそういうことに出会うきっかけを持っています。たとえば、私達が自分のことをだれも分かってくれないという気持になった時には、これはいろんな関係が切れていることを意味します。自分のことを分かってくれているはずだと思っている人が、なんにも分かってくれないということがある。夫婦の間でも、「こんな人だとは知らなかった」と一方が言い、片方は「なんだ、自分のことを少しも分かってくれていないではないか」ということになりますというと、そこの関係が疎遠になりまして、なんとなく自分は一人だなあという気持になります。

あるいは、それまで長いあいだ会社という形で勤めていて関係を持った場所も、それも定年ということになると消えていきます。そうすると、ただ一人立ちすくむようにして生きるということになります。それで「どうしたらいいのだろうか」という問題は、今の私達が持つ問題ですけれども、そういう同じ性質の問題をお経の中で、一人の女性のこととして取り上げている経典が『観無量寿経』という経典です。

その女性は、子どものほうが親を殺そうとしたり、あるいは親を閉じ込めてしまうということで親子の関係が切れてしまうことに出会います。そして、その女性には周りにいろんな人達がいたのでしょうけれども、そのいろんな人達も遠ざかって行ってしまいます。どのような人達もまったく周りに見えなくなってしまって、ただ一人になった女性がお釈迦様に、「私はこれからどう生きたらいいのでしょうか」と尋ねます。お釈迦様に「私の生きる道を教えて下さい」とお願いするのです。

それに応えて、その女性の前にお釈迦様があらわれます。すると、その女性が崩れ落ちてしまいます。それまでは、「まだ私は」、「こうなっても私は」という心で、意地で立っておったのでしょうけれども、お釈迦様のすがたを見たとたんに、その意地も崩れて、立っておれないという状況が示されています。

つまり、その女性にはもう自分が立つ場がなくなったことをあらわされているのです。関係が切れたのですから、愛情というものをどこにも感ずることができないという経験をその女性はしまして、愛情がどこにも感ぜられないのですから、場が場でなくなったのです。とたんにその女性は立っていることができないで崩れ落ちた。そしてお釈迦様に、「これからどう生きたらいいのでしょうか」と、道を尋ねたということがこの経典に示されています。

そこで、一つ考えられますことは、私達でありますと、お釈迦様に「これからどうしたらいいのでしょうか」ということを尋ねる場合に、「なんとかもう一度、間違ったことをしている子どもを説得して下さい」と言ったり、あるいは、「もう一度、和気あいあいとした関係が保てるように子どもを説得して下さい」と、お願いしそうです。「こんな目にあっているのは、どうも子どもがあんまりよくないからです。だからお釈迦様、あなたの力で子どもを説得して、もう一度楽しい家庭が持てるようなことにしていただけませんか」というふうに普通ならお願いするのですけれども、この女性は違います。

関係が切れて、そして崩れ落ちてみて、「ようやく分かりました」というのです。何が分かったかと言うと、今まで自分が立っていた場というのは、よくよく見るというと、地獄・餓鬼・畜生ということで成り立っているような世界であった。それを知らないで自分は生きてきたけれども、この世界に満ち満ちているのは地獄・餓鬼・畜生であり、そういうものが生まれ出るような場所であった。それが分かった以上は、そんな場所には、もはや私は生きていけません。それで、「人間が生きていける場というものをお示し下さい」ということで、お釈迦様にお願いしたということが経典に語られています。

その時に、お釈迦様は浄土という世界を私達に示されたというふうに、この経典はなっています。

そうしますと、私達の求めているものは、浄土と言われるそういう場を求めつづけて生きているという意味になるかと思います。

では、なぜそういう浄土という場所をその女性は願ったのであろうか。そこには一つ、お釈迦様という存在があるように思われます。それはどういうことかと言うと、この女性は、「私はもうこんな世界に生きていることはできない。地獄・餓鬼・畜生で満ち満ちている場所には私はおりたくもないし、またそんな場所では生きてもいけない」と叫んでいるのです。

ところが、目の前にいるお釈迦様は、その地獄・餓鬼・畜生で満ち満ちている人達と真向かいになっておつきあいしつづけていらっしゃる。「お前達は地獄・餓鬼・畜生ではないか、お前達とはつきあわない」ということでなくて、地獄・餓鬼・畜生を生み出していくような生き方をしている私達と真向かいになって、そして私達を導こうとして生きていらっしゃる。「ああ、この方はどんな場所に立っておられるからそのようなことが可能なのだろうか」と少なくともその女性は考えたに違いありません。自分が立っていた場所はやりきれない場所だ、こんな場所にはおりたくないと言って、違う場所を教えてほしいと願ったけれども、今、目の前にいるお釈迦様は、そのやりきれない場所をやりきれないからと手を抜いたり、やりきれないからと背中を向けたり、そんなことをしないで、実にやさしい心をもって私達と接して下さっているではないか。

とすれば、この方はいったいどういう場所に立っていらっしゃるのであろうかということから、その女性は、きっと心の中では「私が往きたい場所、私が探していたような場所は、お釈迦様、あなたが立っていらっしゃるような場所です。私はそういう場所なら往きたい」と願われたのです。

そしてその場所の名前が「阿弥陀仏の浄土」ということで語られている。そういう意味からしますと、私達が探している、そして私達がどうしても立ちたいと思えるような場所の名前を、経典は「阿弥陀の浄土」ということであらわしているのです。

けれども、私達のほうは少しも阿弥陀の浄土に生まれたいという気持はありません。浄土ということで言おうとされているものを、いつの間にか私達は、死後にしてしまったために、今生きるためにどうしてもその世界を知らなければならない、というふうには浄土ということを考えません。

そのために阿弥陀の浄土に往き、そこを生きていきたいという気持がさらさら起こらないのでしょう。

それでともかくも、浄土ということはどこから出て来たかと言えば、私達が生きている真っただ中から、この浄土という世界は出て来たのだと言えます。私達の目の先の、ずうっと向こうから浄土ということが出て来たのでもありませんし、仏陀の頭の中から浄土が出て来たのでもありません。浄土という場所は、私達が自・他の関係を生きて、そして自分のことをだれも分かってくれるものがないと言ってさみしがったり、あるいはこんなことなら生きていてもかいがないと嘆いたりしている現実、世界規模で言えば闘争を繰り返してやまない現実の場そのもののところから、浄土という世界が開かれて来ていると言っていいかと思います。

そういう意味では、なぜ仏教が浄土往生ということで、さとりを示してきたのかと言えば、その理由は、私達が関係を持ち、地球という場を生きると同時に、比較・競争を性質とする場を生きているということから、この浄土という世界が出て来たと、こう言っていいのではないでしょうか。

火の河・水の河

それで、この『観無量寿経』というお経を取り上げられて、しかも私達に豊かに生きるヒントを与えてくれた方があります。善導《ぜんどう》大師（六一三年―六八一年）と言います。この善導が『観無量寿経』に出てくる事柄をもとにしまして、たとえをおつくりになられたのです。これは有名なたとえですからお聞きになっていらっしゃる方もおありかと思いますが、「二河譬《にがひ》」というたとえです。火の河と水の河というのがあって、水の河は人間を呑み込んでしまう。火の河は人間を焼き尽くしてしまう。こういう火の河と水の河、ここから出ることができない人間のありさまというものを取り上げたたとえです。

善導は先程申しました『観無量寿経』に出てくる女性のことを取り上げられて、こういうたとえをお作りになられたかと思うのです。そのたとえの中に、「無人の沢」、つまり、「無人の荒野」ということが言われております。

それは、なんでもない時には、愛しい子どもであり、愛しい夫であり、子どものほうからすれば愛すべき親であるというふうになっていたものが、その関係が壊れてしまったら、それぞれが、この自分のことを悪く言ったり傷つけたり、果ては殺しにくるようなものとして、周りの人が見えてくる。また、自分も同じことになり、果ては自分を苦しめ、生命まで奪うようなことになってしまって、人が消えていくことをあらわしたのです。

「疑心暗鬼」ということばがあります。疑いの心は暗と鬼を生むということなのでしょう。耳が遠いということで、ともするとこの疑心暗鬼ということをあらわすことがあります。耳が遠いものですから、普通に話しているとヒソヒソ話にしか聞こえない。ですから「ああ私の悪口を言っているのでないか」と思い、大きい声で言うと、「あてつけに言っている」と聞くという場合があります。こうなりますというと、その周りの人のやっていること、周りの動きが、みんな自分のことを悪く言っているのではないか、自分のことをおとしめようとしているのではないかというふうに、周りが信用できなくなるというようなことが、この疑心暗鬼ということの一面かと思うのですが、この疑心ということについては、もっと大事な意味があることを親鸞は教えています。

親鸞の言うところによれば、疑心というのは他者に対する疑いではなくて、自分自身への疑いです。自分自身への疑いを離れることができないのが、私達それぞれの「私」というものの性質だと言います。

この性質によるために、私達は何事につけても疑心暗鬼となるのでしょう。だから親鸞は信心ということについて、信心というのは自分自身への疑いが晴れたことだと言います。その意味では、私達の問題は自身への疑いが晴れることであると言っていいのでしょう。

それはともかくとしまして、そういう疑心暗鬼の状態に、その一人の女性がなられたというふうに、まずたとえられます。そのことを別のことばとして言えば、群賊・悪獣・盗賊や獣が周りにいるということです。盗賊は奪っていくものであり、獣は傷つけたり殺したりする、害を与えるものです。

関係が壊れますと、いつ、なん時か向こうが何かをするのでないかというふうに、自分を傷つけるものとしてしか、周りが見えなくなる。そういう状態に人間が追い込まれて、そして気がついてみたら、人から人の中に生まれてきたはずなのに、周りには人ひとりいなくなってしまっている。いるものと言えば、自分の足をひっぱろうとするもの、自分を押さえつけようとするもの、あるいは自分を傷つけようとするもの、そういうものばかり周りにいるという場所に自分を見い出すことになったという、そういうたとえが一番最初に出されます。

そうしますと、私達が自分一人になってしまって、そしてだれも自分のことを分かってくれないという状態は、周りの人達が人間として見えない。なにか嫌なものを見ようとするような目を相手に感ずる。こういうことが群賊・悪獣の中に自分を見い出したということです。

その時に、一つ気をつけなければならないことは、周りが盗賊や悪獣のように見えている人は、周りからもそう見られていると考えたほうが正しいということです。私だけが人間で、周りが悪獣だということは、どうもありえないのではないかと思います。だいたい周りを盗賊か悪獣のように見ている顔というのはどんな顔か、本人は知りませんけれども、その顔たるや、実にすさまじい顔になっています。疑い深い目というのは見ていても恐ろしいですし無気味です。そんな時にこそ鏡を見ればいいのですけれども、なかなかそんな時には鏡を見ません。そういう時に鏡を見れば、これが私の顔だろうかと思いますでしょう。そういう顔をしているに違いないと思います。

そして、その疑いによって、自分自身を苦しめていきます。見るもの、聞くもの、触れるものに悪意を感じ、その感じた心が自分自身をむしばんでいくのでしょう。群賊・悪獣は外にいるのではなくて、自分自身の心が群賊・悪獣になっていくのです。

善導のたとえの中の人は、周りには人ひとりもいなくて、自分を苦しめたり困らせたりするものばかりがいると見るのです。

そして、「自分は苦しむために生きてきたのではないのだ」ということで、こんな場所を出ていきたいと願うのです。それで自分がほんとうに探しているものを探しにいこうとして歩いてみると、あにはからんや目の前に立ちはだかって見えたものが火の河と水の河であったという、これも面白いたとえです。

その人は、周りじゅうが自分を苦しめたり困らせたりする、こんな場所におれないというので、なにか自分がほんとうに落ち着ける場所、自分がほんとうに自分になれるような場所、そういう場所がないかと南の方に行った。そこには火の河がある。火ですから熱いわけです。近づけない。だから南へさかのぼれば、きっと違う場所があるに違いないと、南へ南へさかのぼってもさかのぼっても火の河が続いている。

「どうも方向を間違えた」と、今度は北の方に向かって行った。そうするとそこに水の河があった。水が逆巻いて、いつ自分を河の中に引きずり込むか分からない。こんな危険なところに自分は場所を求めたのではないというので、北の方へずっと下って行けばきっと違う場所があるに違いないと、北へ下っても下っても、ずうっと水の河であった。そしてふっと後を見るというと、相変わらず自分を苦しめるものがいる。

その苦しめるものは、人ばかりではありません。自分を苦しめるものの中には、病気というのもあります。そして病気の後には死という苦しめるものがまたあります。それに追いかけられているような感じになります。病いがちになり、どうも死が近いのではないかという気分になりますと、人間に残るのは焦りだけです。「こんなことを求めてきたわけではない、苦しめられるために生きて来たわけではない」ということになります。

では、そこを逃れる道があるのだろうかと、進んで行こうとすれば、火の河や水の河が立ちはだかる。南に上り北に下っても、いっこうに自分らしくなれるような場所が見い出せない。そして刻々と病いや死が迫ってくる。

このように、どうしたらいいのかと、焦りばかり持っている一人の人間のことを、善導は取り上げられたのです。人間は歳とともに焦りを感じてきます。何をどうしたいかはよく分からないのですけれども、「だんだん近づいてくるな」と思えばやはり焦ります。何をどうしたいのか、そのこともはっきり分からない。そんな時にどうしたらいいのか。私達の場合、ほとんどどうしてみようもないのです。そういう状態に追いつめられた一人の人間、その人間のことを取り上げられましたのが「二河譬」です。このことについてはまた後に触れます。

その前に「火の河」とか「水の河」ということで教えられているものは、いったい何であるかを考えてみましょう。

火の河というのは、これは燃やし尽くすものです。現代において燃やし尽くすものの代表ということになれば、これはなんと言いましても戦争です。これは人間を消していきます。火の河ということであらわされたものは、そこにおいては人が消えていくということをあらわそうとしたものかと思います。私達が怒り狂って、「畜生!」と叫んだ場合には、人間がぱっと消えて畜生になっていくのです。人間が消えます。

そして、水ということであらわされましたものは、大水ということになりますと、家であろうと田畑であろうと、車であろうと人であろうと、みんな呑み込んでしまって、一瞬にして消してしまいます。善導は、水のことを私達の欲ということであらわしました。現在社会において水の代表ということになれば、資本ということを原理とするものです。資本が大きく膨れ上がっていくためなら、美田、美林と言われている場所だって、きれいに呑み込んでいきます。

大きな会社が、自分のところの従業員のゴルフのためにゴルフ場を作っているのではないのです。そこの会社の従業員は全然ゴルフしなくて、そしてゴルフというものが健康にいいからゴルフ場を作ろうと思ってやっているわけでもありません。

理由はただ一つです。今ならゴルフ場を作ればもうかるということでやっているわけです。もうかるということであるなら、林であろうと、何百年と培われて育ってきた木であろうと、あるいは土壌であろうと、根こそぎみんな呑み尽くすものが資本と言われるものです。欲です。欲があらゆるものを呑み込んでいく。人間だって呑み込んでいきます。人間を損得の鬼に変えていきます。火の河と水の河は、小さく言えば欲とか怒りとかが相手を消していくということになります。自分の思いどおりにしたいという事柄は、周りの人も巻き込んでいきます。

だから、あまり言わないほうがいいことばというものがありまして、「私は幸せ者です、思いどおりに来れました」という人は、どこかおかしいのです。ほんとうに自分の人生は幸せでした、思いどおりに来れましたと言う人は、自分が思いどおりに来れるために、どれだけのものを呑み込んだかを忘れているのです。周りは、その分だけ思いどおりにならないで、引きずり込まれてやってきたということになります。思いどおりにやって来れたということは、思いどおりになっていくために、どれほど自分を殺しつづけてきた人がいたかということです。思いどおりになった人は、それだけ周りの人を殺してきたのです。「おれの思いどおりになるために、お前は従ってくるべきだ」ということでやってきた。そうすると、そういう人にとってはいつも周りにいる人が人間として見えていないことを意味します。

そこで気がつきますのは、「自分のことをだれも分かってくれない、私はただ一人だ、周りはみんな自分を苦しめ、いじめるものだ」と、自分を嘆いていたけれども、実にこの自分の中にこそ、火の河と水の河が流れていたということの発見です。

慙愧の心

二河のたとえだけを見ていると、火の河・水の河、それは世間にはあるかもしれないというふうに思うに違いないのですけれども、実は、火の河と水の河は自分自身に流れている河であった。だから、さかのぼってもさかのぼっても、下っても下っても、そんな河から離れることができなかったのである。実に、この自分自身が火の河・水の河に成り果てている。どれほど多くのものを焼き尽くし、多くのものを呑み込んでいるか。呑み込んでも、呑み込み足らないのですから、私達のあり方はそのまま餓鬼になります。餓鬼をあらわす絵があります。おなかばかり大きいのです。

そういう意味では、いまだかつて自分のことをそのように考えたことが私達にはないのでしょう。それまでは関係が切れて、自分は被害者だとばかり思っていた。周りが自分を苦しめるもの、嫌がらせるものということで、自分は被害者だと、こう思っていた。ところが、被害者ではなかった。むしろ加害者なのです。火の河・水の河がこの全身に流れているのですから。

だから、そんなところに人が近づかないのは当たり前です。そばへ寄れば呑み込まれ、焼き尽くされるというのであれば、だれが近づきますか。近づかないのは、近づかない人の性根が悪いと私達は思いがちですけれども、しかし実は、この身のそばに来れば、呑み込んだり、焼き尽くしたりするようなものを身体であらわしているために、だれも近づかなかったのである。もしその方がそこに、自分はこんなすさまじい生き方をしていたのかと気づけば、そこの部分だけ、実にふくよかなものが出てきて、その部分のところで人と人と出会うことができます。それが、「慚愧あるがゆえに、父・母・兄弟・姉妹」という関係が成り立つという意味になります。

だから、自分の中に火の河・水の河が流れているということを知らない人と、それを知った人とでは大きな違いがあります。知らない人は、いつまでも自分を被害者にするよりほかありません。「なんで、こんなに自分は一所懸命やってあげたのに、自分は別に悪いこともしていないのに、どうして私を一人にするのか」と言って嘆き、恨む。そういうものしか出てまいりません。

しかし火の河・水の河を身体に流している自分であると気がついたという時には、そこに慚愧ということがある。この慚愧心と言われるものこそ、最もあたたかくて、言ってみれば、最も人間の心と言えるものかと思います。そういう心はふくよかなにおいを発散していますので、その人の周りには人が集まることができる。私達の日頃の心で集めるのではないのです。慙愧という心が、あらゆる人に通じていく意味を持つのです。

私達の心では、なかなか通じることができないのです。なぜなら私達の心は、どうしても比較したり競争したりする心がもとになっていますから、すぐ呑み尽くす、焼き尽くすということに変わっていきます。

ところが、この慙愧という心だけは、我が心とは言えないのです。自分がどういうものであるかということを知らされた心ですから、これは我が心というわけにはいかないのです。そしてその慙愧心は実に香りたかく、そしてあたたかくてやさしい意味を持ちますから、人と人とが通じていけるという意味を持ちます。

そうしますと、この慙愧の心というものこそ、自分も人間として乗せることができる心であると同時に、その心を通して、周りの人と通じていくことができるということから考えれば、その心の上に他の人も乗ることができる。そうしますと、この慙愧心と言われるものは、浄土という場を意味することばになってきます。

どんな人の上にも通じていく心ということになれば、これ慙愧心というものでしょう。

親鸞は、その慚愧心ということをあらわされるのに、「愚」という字、おろかという字をおつけになられます。この自分のことを愚かだと知ることのできた心というのは、みんなに通じていく心であるというので、「愚禿」と名のられまして、それを姓《かばね》とされた。「禿の字をもって姓《しょう》とす」とおっしゃっておられます。これは姓名の姓です。この姓という字はいろんな意味合いもありますけれども今日風の言い方をすれば、たとえば私の場合は「平野」と言います。「平野」という姓です。そこには年寄であろうと、女であろうと男であろうと、小さな子どもであろうと、それぞれ違いますけれども、そこに共通するものとして「平野」を姓にしている。ですから、この「かばね」という意味は、これは個人を指すことばではありません。もし、そのかばねを一つにすることになれば、男であろうと女であろうと、別にいっこうかまわない。そこに共通する意味を「禿の字をもって姓とす」と、こうおっしゃられた。

つまりそれは、人間の中でほんとうに通じあっていけるものがあるとすれば、それは、「愚か」という目覚めだということです。「愚か」という目覚めを別のことばで慚愧とも申しているのです。

そういう心、慚愧とか愚かという目覚めは、普通の私達の心と違うという意味で、信心ということばであらわされたのです。信心、これだけが、どんな人の上にも相い通じていくものである。この信心と言われる心こそ、焼き尽くしていく河の中にあって、そして呑み尽くしていく河の中にあって、私達にあたたかいもの、ふくよかなものを生み出してくださるところの心である。そして、この心こそ世界中が通じ合っていける心であるということを示されるのです。

なぜ、世界中が通じ合っていけるかと言いますと、その根もとにある如来の心というのは、「十方衆生」と呼びかけられるところの心であったからである。十方衆生、あらゆる人々に呼びかけられる心というものが如来の心です。その如来の心というものが私達の上にあらわれる時には、慚愧の心という形であらわれてくるのです。痛ましく、愧《はずか》しく思う心が私達に起こってくる。

それも、この我が身が焼き尽くしたり呑み尽くしたりするものであると知ることになった。どうしてそんなことを知ることができたのか。その場合には鏡がいります。普通私達が持っている鏡はだめです。普通持っている鏡は、なおほれぼれとして自分の顔を見ますから、これはだめです。そこに、如来の智慧という鏡が私達のところになければ、慚愧をもって我が身を見るということは起こって来ようがない。そういう如来の智慧という鏡はどこにあるのかと言えば、外を探さなくてもいいのです。

どこにあるかと言えば、私達がなんとなく口にし、耳にしているところの「南無阿弥陀仏」にあります。もっと言えば、「念仏せよ」という教えの中に、そのことばの中に鏡が隠されています。「南無阿弥陀仏」でもいいのですけれども、「念仏せよ」という、そのことばの中に、我が身をうつし出すところの鏡という意味が込められています。

なぜかと申しますと、「念仏せよ」と言われましても、なんでしなければならないかという疑問が私達の上に残るからです。今日はそのことに触れることが主たる目的ではありませんから、それ以上触れませんけれども、ひとつお考えになっていただくのに申し上げておくのですけれども、十歳や二十歳の時に「念仏せよ」と言われたけれども、なんのことかよく分からなかった、なんで念仏しなければならないのかよく分からない、ということがあった。しかし、五十、六十、七十と、歳を重ねるうちに、なんとなく念仏するようになるということがあります。そのへんは北陸の人達は、「まあ、歳が薬なのですか、念仏できるようになりました」という言い方をします。なんとなく念仏するようになるのです。「どうやって、いつから念仏するようになりましたか」とお尋ねすると、たいてい、「いつの間にか、歳が行きましたら念仏できるようになりました」という言い方になります。

これは何を意味しているかと言うと、はじめ、十歳や二十歳の時に「念仏せよ」と言われても反発しかなかったし、格好悪いということしかなかったし、「どうして念仏しなければならないのか」ということしかなかったけれども、三十、四十、五十と、いろんな人生の経験をするにしたがって、念仏することにあまり抵抗がなくなった、ということの意味は、人生の経験を通して自分ということを考えるようになったからです。「ああ、自分というのは、かなりひどいものだなあ」と思ったり、「自分は、どうしてこんなに情けないのかなあ」と思ったり、自分のことを思って、そして思いどおりになれない自分、苦しみ悩むような自分、そういう自分に出会うことを通して、念仏申すことにあまり抵抗がなくなってきた。

そうしますと、この「念仏せよ」という教えは、徹底して、この自分自身が明らかになるまでつきおうて下さる、そういう末とおる愛情というものがあらわされている、という意味になってくるかと思うのです。「念仏せよ」という、そこには、この自分が明らかになるまでは最後までつきあおうとする愛情というものがもとになっておる。「念仏せよ」という、そのことを通して、はっきりしたものはなんであったか。そうすると、火の河・

水の河が流れているものがこの身であるということを知ることになった。

そして、最初申しましたように、世界中を乗せることができるような心も、持っていないわけではない。みんな、平和であってほしいという心も持たないわけではない。差別なんかない世界が出来たらいいなあという心も持たないわけではない。しかし、それが壊れたり小さくなったり、崩れたり破れたりするのは、なんとこの身が火の河・水の河を流している身であったからだ。これが、せっかくの心まで駄目にしていたのか。そういうふうに「念仏せよ」という教えはこの自分自身を照らし出して下さる。

そうしますと、この身は人を乗せたり、また人と出会うことができるような愛情を性質とする場を、どうも作っては壊し、作っては壊しているものであった。場を求めているはずの自分が、自らその場を壊していくような面も持っていたのか。場らしいものが出来た時には満足していたけれども、その作った本人がまた壊すようなことをやっている。これだったら、たとえ百万年あったとしても満ち足りるということなどは、ありうるはずがなかった。

場がないわけではない。しかしその場を、お互いに寄ってたかって壊し、そしてそれではならないと言って、また場を作るけれども、またそれを壊しつづけていく。作りつづけ、壊しつづけて行っている。そういうありさまが流転というありさまである。きりがないのです。作ったかと思うと、すぐ壊し、壊したら生きておれませんから、また作る。そういうことを繰り返し繰り返し続けているものが、この自分というものであった。

それを善導は、南にさかのぼってもさかのぼっても火の河、北に下っても下っても水の河と言われたのでしょう。我が身のあり方をそうしたたとえでお示しになられた。そういう者が、如来の心というものを場とすることができた。その如来の心が、私達のところには慚愧の心としてあらわれるのでしょう。作りつづけ、壊しつづけ、作りつづけ、壊しつづけている。昔から賽の河原と言いますけれども、積んでは崩し、積んでは崩している、きりのないものが自分自身であったという、そのような目覚めを持つことができたのは、ひとえに如来の心による。そういう如来の心が、我々の上においては慚愧の心というものになってあらわれる。

愚の目覚め

慚愧ということばが面倒なら、「なんと愚かしいものであったか」という目覚めです。

足の先から頭の先まで、愚かというより他なかったという、そういう目覚めです。この目覚めが、如来の心というものをもとにしていますから、その「愚か」ということだけは世界中に通ずるという意味があります。

ところが私達は、「私はね」「俺はね」というところから人と接するものですから、大抵は押しつぶすか、「まあ、ちょぼちょぼ同じとこだな」という気持にならないかぎりは、つきあえないということになります。これでは通じません。他の人と通じ合っていける心と言えば、愚かということが、別の言い方をすれば「大菩提心」なのです。世界中を乗せることのできる心です。問題は、今の時代は世界中がすぐ問題になるような時代です。もう一人だけで事が済まないようなつながりに今日の世界はなっています。

そういう世界になってみれば、なるほどこの愚かという世界中に通じていく心というものをはっきりしていかなければ、「世界は一つだ」ということばだけでは、世界は一つになれません。「人類みな兄弟だ」という心で兄弟になれるかと言えば、これはなれません。人類みな兄弟だと、片方で言ってる人と、別の片方で言っている人と違うということで、これはもうけんかするよりほかはないことになります。

そういう意味では、私達のほうに伝えられてきましたところの念仏の心というものは、はじめから場に関係したものです。また今日ほど場という事柄が問われている時代もないでしょう。

その意味では、私達のほうに大きな役目があります。それは自分の心を、世界中を入れることのできるような賢い心にせずとも、如来の心というものを知ることで、慚愧の心に愚かさということを知ることができるなら、その心が世界中に通じて行き、そして愚かという心は、これは認める心でありまして、よし・あしを立てる心ではありません。認める心というのがあたたかいものを感じさせ、そして他の人を人として認めることのできる心です。それも如来の心というものがもとになっています。この世、人の身に火の河・水の河を流しているそのことをつまらないこと、馬鹿なこととして切り捨ててしまえば、私達にはなんにも残りません。

しかしそのことについて、痛ましいと思う心が持てたということは、これは捨てない心です。この我が身を愚かなものとして認めてくださった心ですから、そこにはあたたかいものがあります。あたたかいものがありますから感動するのです。ですから、そういう心が、地獄・餓鬼・畜生を生み出しつづける中にあって、人を人として認めていける心となってあらわれてくる。

知らず知らずのうちに、私達「無人の荒野」にたたずんでいたみたいです。もう人口は増えるだけ増えてきました。この狭い日本においても億を超し、世界中ということになれば、六十億以上の無数の人がおります。無数の人の中におりながら、「私はなんのためにここにいるのだろうか」、「私ほどさみしいものはいない」、「私ほど悲しいものはいない」、「私ほど情けないものはいない」ということであるならば、六十億、七十億の人の中にありながら、その場は、「無人の荒野」になってしまいます。花という生きものの中に、あるいは鳥という生きものの中に、たくさんの生きものの中にありながら、「私ほど残酷な生き方をしたものはいない」、「自分ほど情けないものはいない」というふうに、無人の荒野に私達はたたずんでいるということになります。知らず知らずのうちに、無人の荒野の中に自分自身を見ている。

しかし、それは「正しいことなのか。ほんとにそれだけなのか」と、こう尋ねてみるというと、被害者だという面はないわけではありません。しかし、さらにそれをよくよく尋ねてみると、そこに自分こそ呑み尽くし焼き尽くすようなものを持ちつづけてきたものであることを知ることができます。それが、苦労に苦労を重ねて、場を作り場を壊し、場を作り場を壊しということを積み重ねてきた因であると知ることができます。

そのことを悲しみ、そしてそのことを痛ましく思うところの愛情というものがあった。そういう愛情を親鸞は、「南無阿弥陀仏」ということの中に感得された。

ですから普通のことからいけば、こんなひどい世の中もありませんし、こんな情けない、こんな惨めな思いを最後にしなければならない世界であることは間違いありませんけれども、そういう世界の中にあって親鸞は「そういう世界であるにもかかわらず、なおそこに愛情が感じられて、ふくよかなものを見い出すことができ、通じていけるものがあるのだ」ということをお示しになられたのです。それがほんとにそのとおりかどうかということは、私達が探してみるよりほかないものです。

ただしかし、悲しいにつけ、苦しいにつけ、悩ましいにつけ、それだけで終わらないという意味を「南無阿弥陀仏」ということがあらわしているのだということについては、私達、希望を持っていいのではないかと思うのです。無人の荒野の中にたたずんでおりますけれども、そこを出る道があるのだということが幸いに私達には、親鸞のことばで教えられております。そういう人がおいでになられることで、かすかながらでも希望が持てます。

今、自分は嘆いているけれども、そこが最後ではないのだという希望を燃やしつづけて、はっきりと自分の中に、慙愧、愚かということを知ることができ、関係がほんとうに成立する場を求めていきたいものです。

法と人と場と——一人称単数・複数・現在

場と空間

今日、まず最初に問題にしますのは「場所」ということです。広い意味で言いますと、この地球というのは一つの場所です。その場所にあらゆる生き物が生きています。それに対して、一番狭い、一番小さい場所ということになりますと、家庭という場所です。そして、人間はどういうわけか、必ず場を生きております。お家《うち》にずっといらっしゃる方は、家という場にいらっしゃいますけれども、お仕事を持っていらっしゃる方々は、会社、あるいは役所、あるいは学校に行っておられる方もあると思います。みんなそれぞれ場所を持っているという点では同じです。しかし、この場所ということも、考えてみると非常に不思議なものです。たとえばバスの場合ですが、どこかに行かなきゃならないというのでバスに乗るとします。その時に、知らない人ばかりが乗っているとした場合、バスも一つの場所です。しかし、特に場所という感じを持つことはありません。ところが、同じバスでも何かの会でバスを借り切って、バス旅行をする場合には、その同じバスでも全然違ってきます。私のおります寺にも同朋会がありまして、年に一度旅行に行くのです。お年寄りが多いものですからバスにします。

話を聞きますと、乗ってすぐにお酒、ビールが出てきて、そしてワァーワァーやっていくと言うのです。そういうバスと乗合バスとでは、同じバスですけれども違います。乗合バスに乗って楽しいと思うことはないでしょう。だけど一緒にバス旅行する場合に、「ああ今日は楽しかった」と、こう言います。

つまり、そういうことから何が教えられ、考えられてくるかと言いますと、もしそこが通じ合うということになった場合は、一つの空間が「場所」という意味を持ってくるということです。

乗合バスは区切られた空間なのでしょうが、別に通じ合うということがありませんから、相互にモノ化していきます。東京でも大阪でも、朝・夕のラッシュ時は、あの一箱のなかに、たくさんの人が押し合いへしあいして乗っています。だけどそれは、どれだけたくさんの人がいたところで、そこを場所とは言わないでしょう。モノを運ぶ、モノで出来た空間です。

　ところがそこで、知人と出会う。あるいは何かで通じ合っていくということがあると、そこは場所という意味を持ちます。場になります。つまり、その時にお互いが「人」であることを回復するからです。ところが、乗合バスの場合には、自分のことは人間と認めているでしょうが、他人は知らない「モノ」になっているのでしょう。ですから、そこの場所は生命が感じられない不毛な空間と変わらないものになります。

　家庭でも、そこに通じ合うということがありますと、家庭というのは場になります。しかし、なんにも通じ合わないで、てんでバラバラにいるという場合には、そこは場所という意味がなくて、単に寄り合って集まっている、モノ化された空間です。なかには、六人家族、八人家族でありましても、そこがてんでバラバラの状態でありますと、そこは場所は場所でも、砂漠のような不毛の空間に近づきます。

　そこが、居ても楽しいということでもなければ、元気が出るというわけでもなく、単に寝泊まりするだけということであれば、それは場所というよりは、一つの箱のようなものになります。

このように考えてきますと、我々はみんな、場所において在るものです。場とともにあるものです。同じ場所でも、ホテルのような場所とか、ホテルのようになっている病院というのは落ち着きませんし、不安なものがありますから、あそこには人間が腰を下ろしているわけにはいきません。場というよりは箱に近いのでしょう。そういうことを考えますと、人間が生きる場合に、場所というものが大きな意味を持っていると言わなければなりません。普通、人間は心が大事だというふうに考えます。意欲を持つとか、しっかりとした意志を持つとか、人間は心が大事だと、こうは言いますけれども、人間は心だけで生きていません。心と、もう一つ場所という問題があります。今回は、この場所ということから話を進めていきまして、後に「一人称単数・複数・現在」という問題を考えていきたいと思います。

場所という問題は先程言いましたように、広い意味では地球になりますし、狭いところでは家庭になります。その中間に、町内とか、行政の単位で言えば市であるとか県であるとか、少し広げて東北地方であるとか、こういうのはみんな場所をあらわすことばです。場所というのは、どういうものによって成り立っているのだろうかということを考えていきますと、あまり面倒なことは申しませんけれども、こういうことがあります。

国をあらわすのに、領土ということと、人民ということと、憲法ということがあります。国というのはどういうあり方をしているのか、国というのはどんなものかと言うと、まず領土、場所がなければなりません。場所があってもそこに人がいなければ、これは国と言うことになりません。そして国が成り立つには憲法というものがなければなりません。法というものがあって、場所があって、人がいると、こういうところに国というものが成り立つ。これは家庭も同じです。

家庭にも家という場所があります。そこに人が住んでいなければ、これは家庭とは言えません。人が住んでいます。では、人と場所さえあれば家庭になるかということになりますと、てんでバラバラであれば家庭ではなく、箱です。たとえば、お年寄りは朝六時頃起きる。そして自分の食べるものだけ食べて、あとはまた自分の部屋に行く。若い人は七時か八時頃起きてきて、また自分達で勝手に食べて仕事に行ったりする。これはてんでバラバラですから、家庭とは言えません。それが家庭になるためには、そこに約束事、秩序のようなものが必要です。それが法に当たります。つまり共にある、それもより良く共にある在り方をもたらすようなきまり、約束事があって、はじめて家庭になります。

ですから、どんな小さな場所であっても、そこが場所になるためには、人がいて、そして空間が必要です。しかしそれだけあっても場になりませんから、そこにきまりというものがある。会社などに行けば、いっそうこのきまりがはっきりしています。何時からはじまる、何時まで仕事をしてもらうというきまりがあります。もしそこで、てんでバラバラに、自分はこれがしたいからこれをする、上司は上司でまた別のことをしているということで、なんの関係もなかったら、こういう会社は一日として成り立ちません。ですから、会社が一つの場になるためには、どうしてもそこにきまりというものが必要です。これが法に当たります。ですから、この三つの条件がそろうことによって、はじめてそこが場になってくる。

場の性質と法

ところが、これらの三つがあれば充分に場所の意味を持ちうるのかと言えば必ずしもそうとは言えません。たとえばある場所に行ってもあまり元気が出ないという場合、これはまた場所の意味が問われます。また喜び勇んで帰ることのできる場所と、だんだん足が重くなるような場所とがあります。みなさん方もおぼえがあるかと思いますけれども、結婚したての頃は、わりと喜び勇んで帰るということがあっても、だんだんと帰りがおそくなることがあります。あれはどうも場所が場所でなくなってきたことを意味しているのかもしれません。

学校にしましても、子どもが喜び勇んで行く時には、そこは場所です。ところが、だんだん行きたくなくなってきたという時には、場所でなくなって、逆にそこの場所が子どもをはじき出すことになります。学校は一応、そこで学び、団体で生活しているのですから約束事があり、法に当たるものがあります。そのなかで、学んでいくのですから、昨日よりは今日、今日よりは明日、徐々にでも進んでいく。徐々に知らないことが減っていって、知っていることが増えていく、つまり、学習が原則となっている場所です。ところが、昨日行って、今日行った。しかし分からない。明日行ったらもっと分からないとどうなるか。わかる人はだんだんと進んでいくでしょうけれども、ひとつ分からないとなりますと、次から次と分からなくなってきます。そうすると次第に、「あんなところに行きたくない」という気持が起こってきます。

このように、三つの条件がそろえば場所にはなるのですけれども、その場所が人間をあたたかく受け入れてくれるかどうかで、その場所の性質が違ってきます。

場所にはそれぞれ性質があります。きれい好きだという人によって出来上がっている場所もあるでしょうし、厳格なものを感じさせるような場所もあります。あるいは、その場のなかにある人達は気がついていませんけれども、家風と言われるものがあります。場所の性質をあらわすものです。家風と言いますものは、そこに違う人が入ってきますと、はじめてあらわになってくるものです。そして、外から入ってきた人がなにかすると、なんとなく気にくわない。それが表沙汰になって、ことばで張り合うことになった時に、今度は、はっきり出てくるわけです。「昔からこうしていたんだ」という部分が出てきます。「だから、あなたも従いなさい」という言い方になるわけです。では、昔からそうしてきたから、それが唯一、正しいかと言うと、必ずしもそうではありません。お互いに、なんとなく作りあげてきたものです。それがあたかも法、慣習法の役目を果たすことになっているのです。こういうものが家風と言われ、これがもっと意識的になりますと、家訓と言われるものになります。今、そんな家はないでしょう。盛岡には、かなり旧家がありますから、旧家の人達はそんなことを言うかもしれませんが、家訓と言うことばがあります。もし、「冬であろうと夏であろうと、わが家は五時起床が家訓だ」と言うことになったら、おれません。まず、「かんにんしてください」と言うことになります。家訓として、食事中はしゃべらないとか、お酒は一滴たりとも口にしないとか、こういう家訓と言われるものが、いわゆるこの憲法の法に当たるわけです。

人間はみんな場所を持っていますから、必ずこの三つのものがどこかで働いているはずです。そのなかでも一番大事な意味を持つのは、法と言わなければなりません。もし、今言いましたように、食事中は話さないという法や、生活上のさまざまなきまりがある場所は、はじめからそこにいる人にとってはそう問題でないかも知れませんが、はじめてそこに入ってくる人は大変です。なぜそこに入りにくいかと言うと、そこの場所を決めているものが法だからです。そしてその法が厳しい場合には、容易に人を入れないということになります。

よく結婚式の披露宴で、スピーチする人もそうですし、新しく夫婦になった人達のことばにもありますが、どんな人が来ても楽しんでもらえるような家庭、どんな人をも受け入れることのできるような家庭を作りたいということばがあります。そういうことばを結婚式ではよく聞きますが、実際には、なかなかそうなりません。と言いますのは、家庭という場は、単なる空間ではないからです。そこに法があります。しかも、この法がよく考えられていないと、意に反して家庭は場の意義を失うことになります。もし、その若い夫婦が、どんな人も受け入れるような家庭を作りたいということで、マンションにでもお住まいになるとします。マンションはご存知のように、ドアに内側から外を見るのぞき穴がちゃんとありまして、「だれが来たのだろうかな」と、のぞいて外の人を確かめます。ああいうのを見ると、どういう人が来てもというわけにいかないのでしょう。そこに選びがあります。そして、「どんな人も」と言いましても、やはり自分にあまりいい気分をもたらさない人は来てもらっては困るということがあります。ですから、心からすれば、どんな人も受け入れるような場所でありたいと思いますけれども、この場所を決めているものが、好き嫌いということをもとにしますと、嫌いな人は当然受け入れませんし、気にいった人だけ受け入れる。あるいは自分にとって都合がいい、あるいはもうけになるとか、そういうものを基準にして家庭というものが考えられますと、来てもらっていい人と悪い人というのが出てきます。

こういう場合も、だれが来ても喜んでもらえるような、どんな人も受け入れるような家庭を作りたいと言った場合でも、無意識のうちに、きまりがあるのです。

人間は、どっかできまりを持っていまして、そういうきまりが法になっていきます。ですから、場所を生き、場所を持っている人間にとっては、必ず法という問題があって、この法次第によっては、そこの場所がそこにいるだけで楽しくなるような場所になるか、逆になるか。このように場所の性質を決定しているものがこの法というものです。場所においては、法ということが大きな意味を持ちます。

精気と浄土

法と場と人とに関係していることばに、「精気《しょうけ》」ということばがあります。最近では気功術とか、あるいは合気道といったことが評判になっていますが、その「気」に関係しているものです。東洋では「気」ということを非常によく使います。辞書を見られましても、「気」を上につけるのも下につけるのも、実にたくさんあります。それほど東洋人は、この「気」ということばに深い関心を寄せて来たと言えます。気分が悪いとも言い、そして、今日は天気がいいとか、あるいは人気《ひとけ》がないとか、いたるところで「気」が使われます。吐いたり吸ったりする空気という使い方もしますし、同じ空気でも、なんとなく不穏な空気がするという言い方で、その時の印象を語る場合もあります。この「気」ということばに「精」、くわしいという字がついて、これで「しょうけ」と読ませる字です。これはどういう意味があるかと言うと、生命感が感じられるという意味です。生気《せいき》が感じられる。病気になっていらっしゃる人は、なんとなく生気《せいき》がない。生命感が弱っているのでしょう。ですから生命力と言ってもいいことばです。燃えるような生命力をあらわすのが「精気《しょうけ》」という字です。

なぜこんなことを申し上げたかというと、場所というものは、そのあり方一つによって、そこの場所が、ある時には生命感が感じられ、逆に生命感がだんだんと枯れていく場所にもなるということがあるからです。ですから、場所はそこにおるものに生命感を与えるかどうかという問題を持っているということを、仏教のほうで取り上げられてきたということがあるからです。

今日、生命感が強く感ぜられる場所ということになりますと、まだまだ盛岡は大丈夫でしょう。山も多いですし、緑も多い。山へ入って、緑の多いところに行きますと、木のにおいや草のにおいがする。そこを散歩しているだけで、森林浴ということばがあるように、心が洗われるような感じがします。それで、疲れが取れるという場合には、その場所が生命感を与えたということになります。我々からすれば、生命力が増大したわけです。

ところが、コンクリートばかりのところにおりますと、知らず知らずのうちに疲れがきます。昨年でしたか、十二泊、場所をかえて十二泊、ホテル住まいをしたことがあります。ホテルですから、だいたい鉄筋で出来ています。十二日間ホテル住まいをしておりますと、だんだん身体がおかしくなってきます。足が痛くなりますし、「なんでこんなになったのかな」と考えてみたら、自分を取り囲んでいるところには、生命感、生命力を呼び起こしてくれるものがないことに気づきました。

なるほど便利に出来ている空間です、ホテルというのは。ちょっとしたものを食べるにしたって、身体を洗うのにもシャワーがついていますから、便利です。空調もありますから快適になっています。にもかかわらず、だんだん疲れてくるわけです。そして一人でおりますから話すこともありませんし、自然なものが奪われて人工的に作られた場所ですから、だんだん精気が奪われて、身体もだんだん変になってくるのです。ですから都市生活というのは、だんだん精気を奪っていくような場所と言っていいかと思います。

では、なぜそんなことになっているかと言いますと、都市という場所の性質からきているのです。この場所は何で出来ておるかと言いますと、ちょっと面倒な言い方ですけれども、一番のもとには、数字で出来ているということがあります。都市の一番もとは、法は法なのですけれども数学という法で出来ていると言えます。合理性と言ってもいいかと思います。

だいたい自然のなかには純粋にまるいものもありませんし、三角もありませんし、長方形もありません。真四角というのも自然のなかにはありません。それらはみんな作りあげられたものです。ですから我々が今住んでいる場所は、数学がもとになって、人為的に、人工的に作られているわけです。そういう法がもとになって出来ている場所ですから、そこに精気がなく、疲れるようになっているわけです。精気をだんだん奪っていくわけです。

ここで整理してみますと、人はだれでも場所を持って生きています。場所にはきまりというものがあります。しかしそのきまりの性質いかんによっては、その場所の性質が決まってきて、その場所が居りやすい場所になったり疲れるような場所になったり、かえってまた元気が出るような場所になります。きまり、つまり法が一番大きな役割をはたしているのです。それが具体的には、そこの場所に行くと疲れるというふうにあらわれてきたり、そこの場所に行った時には、やる気が起きるという場所にもなります。

では、この現代の社会という場所は我々にとってどっちであるか。これは自問自答できる問題です。ずうっとこういう場所なら、いつまでもおりたいと思うような場所か、いいかげん迎えにきてもらったほうがいい場所か、あるいは他に行くところがないから、「しかたがない、まあおらにゃならんか」とする場所であるか。

我々、今、自分が住んでいる場所、あるいはもっと広げて日本という国、こういうことについて、「まあまあ、いいんじゃないですか」というふうに感ずるか、「もうたまらんなあ」と感ずるか、そういうものを尋ねていくと、日本というこの場所、この地域という場所は何を性質として出来上がっている場所であるかということが、少しずつ問題になってくるかと思うのです。

そういうことが一方で考えられますが、もう一方、仏教で浄土と言っていることも、場所のことです。浄土も場所をあらわすことばです。その場所は、やはり場所ですから法というものがなければなりません。その法は「光明無量」「寿命無量」ということばであらわされています。浄土という場所は光明無量、寿命無量であらわされる法がもとになっています。寿命無量ということになりますと、生命感、生命力に関係して考えられますし、光明無量と言えば法に対して自覚的であることが考えられます。

先ほど申しましたように、今、自分達のいる場所について、「いつまでいても、こんなもんだ」というふうに、意欲が失われているとするなら、それはどうも我々がいる場所の性質を決めている法というものが、我々にそういう気持を起こさせているのであって、そんななかで、もし阿弥陀ということであらわされている法というものが見い出されるなら、新たな場所が我々にはっきりしてくるのではないでしょうか。すでに場所を持ち、その場を生きながら、それが生きる場になっていない我々に、新たな場を獲得することが起こることを意味します。

ということは、浄土ということは死んでからどうこうという問題ではないのです。これは、はじめから場所の問題です。死後という時間の問題ではなくて、これは、はじめから場の問題です。

もし、阿弥陀仏と言われるような法が我々に知られてくるなら、そこには光明無量とか、寿命無量とか、光が感じられ、生命が感じられるような場というものが開かれる。そうすれば、生き抜いていくことができます。

現在の我々の、この世・この場に対して持つ感想は「まあ、しようがないか」と「なにかおもしろいことがないかな」の間を揺れ動いているように見えます。現在の日本という場所は、便利さと快適さはあるけれども、光が感じられ、生命が感じられるような場所かと言えば、ちょっと首をかしげざるをえない。ですから、このことから我々がどんな法というものに関係しているか、また同時に法というもののあり方がいかに人間の在り方を決定しているかということを知らされます。

もし、場と法と人との関係から、光が感じられ生命が感じられる場、そういう場所を見つけたということになると、これはもう伝統的に「往生」ということばであらわされてきたものになるでしょう。

生命の場への往生

往生というのは場所を見つけたことです。光が感じられ、生命が感じられるような場所を見つけることができたということを往生と言います。その意味から言えば、我々は光が感じられ、生命が感じられるような場所を、ずうっと探してきているのかもしれません。自分の親や、あるいはおじいさん、おばあさんが作ってきた家、「そこはもうたまらない」と言って、若い人のなかには、親と違った家庭を作りたいという人もいるでしょう。そこで願っているのは何かと言えば、やはり往生を願っているのでしょう。光が感じられ生命が感じられるような場所でありたい、そういう場所にしたいと言うのですから。ことばからすれば、それは往生を願っているわけです。

往生ということばは「往」という字も「生」という字も、これは言ってみれば往《ゆ》くのですから、場所をあらわす概念ですし、生まれるということも、どこに生まれるかという問題ですから、これも場所です。往生を時間だけで考えるから話がおかしくなるわけです。「いつ往生するのだ」と言った時、人間の頭にはどう考えても死ぬ時が考えられますから、「死んでから」という話になります。これは往生ということを時間だけで考えるからです。

往生ということを空間で考えなければなりません。場所として考えなければならない。場所として考えるなら、往生は今我々がみんな求めているものです。会社だって「あんまりおもしろくもない。おもしろくないけれども、あそこで給料をもらわないかぎりはどうしようもないから、まあ勤めるか」という場合には、もっと気持よくできるような仕事場があればそちらへ行きたいのだけれども、と思っている。この人は、これはやはり往生を願っているわけです。ですから人間は、何を願って生きているかということになると、はじめから場所に生まれ、場所を持って生活する人間にとって、願っていることと言えば、往生を願っていると言わなければなりません。光が感じられ生命が感じられる、そんな場所はどこかにないかと探している。そういうことを往生と言うのでしょう。

我々が、この世に生まれてきたということは、その点では、この世に往生したわけです。

ですから誕生祝いと言わずに、これからは往生祝いと言えばいい。「ようこそ、この世に往生してくださいました」と、これはまず往生です。生まれてきたものが、「往生はしてみたけれども、これはあんまりいいところでないな」ということになれば、今度はさらに、求めて往生の場所を探します。そういう点では、みんなこれ往生の道です。

まず往生してきた。死後が分からないというのは、往生したいけれども、どこへ行くか分からないというので、場所がないわけです。まさかお墓に行きたいと思っているわけではないでしょう。ですから、往生の場所がはっきりしていないわけです。死んだから分からないのではなくて、場所が分からないわけです、どこへ行っていいか。しかし考えてみれば、我々が無意識のうちにずっとやってきた事柄は、ことばとしてあらわすなら、「生命が感じられ、光が感じられる場所に自分は行きたいのだ。そういう場所を場所としたいのだ」と願っているわけです。

最近の建設会社のコマーシャルでやっていますが、光がさんさんと入ってきており、そしてそこでは緑があって鳥が飛んでおり、広いダイニングルームがあって、大きな窓があり、そこから外を眺めていると、「ああ、いいなあ」という気持を起こさせるものがあります。あれは一応、光があふれ、鳥が鳴き、緑があるのですから、生命があふれているということです。だけどそこで、けんかでもしようものなら、結局そんなものはすぐになくなってしまいます。環境は、光が入り緑があり、生命と光は感じられるわけです。では、そこに居れば浄土に居るようなことになるかと言えば、必ずしもそうではありません。もし、そこの場所で通じ合うということがなかったなら、これはまた、そこは地獄になります。かえって明るすぎて嫌だという人もいるかもしれません。自分の気分からすれば、あんな明るい場所はたまらんというので、厚いカーテンを引くかもしれません。そしてイライラしているというと、鳥の鳴き声でも憎くなってきます。

そうすると、だれもが場を求めていくのですが、人間の考えることは、まず一番考えやすいのは光がよくあたって、自然に恵まれているところということを考えます。その時には、自分が抜けているわけです。一応、自然が豊かであるということを法にして、そういう場所を選ぶのですけれども、もう一つ問題が残っているわけです。たとえどんな法であっても、そこで通じ合うということがなかったなら、場所が場所でなくなります。通ずるという問題があります。

場所が場所になるためには、法というものが大きな意味を持つ。これはだいたい感じ取っていただけたと思います。だけどその法があればいいかと、こう言いますと、その法にしたがって、通じるか通じないかということが問題です。そこにいる者が通じ合うということがなければ、場所は場所でなくなってくる。通ずるのは人間どうしです。人間どうし、なかなか通ずることが出来ない。なぜ、なかなか通じないのかと言うと、これも法に関係してきます。

ですから、人間が生まれるのは場所のなかに生まれるわけです。そして場所を作って生きていくわけです。わざわざ場所を作るわけです。地球は一つだから、地球は一つと言っておけばいいわけです。その狭い地球のなかで、日本である、韓国である、アメリカである、ロシアである、と言います。ロシアのなかでも、我々は別の民族であると言って、人間は場所を作りたがるわけです。囲いをたくさん作って、この場所、この場所というので、場所のなかに生まれてきて場所を作り、そしてその場所のなかを生きていくわけです。それでいて、そこで光が感じられるか、生命が感じられるかということになると、なかなか感じられないものですから、光が感じられ生命が感じられる場所を探しに出るわけです。

ですから、みんなそれぞれ、ゼネコンまでいかなくても、みんな建設しているわけです。光が感じられ生命が感じられる場所を建設したい、建立したいという心をもって、みんな生きているはずです。どうでもいいというわけにはいかないのです。本能的に人間は建築屋さんです。みんな作りたいのです。光が感じられ生命が感じられる、そういう場所を作りたい。そういうのを伝統的なことばでいうと、「往生」と言います。往生を願っているわけです。しかし、その往生がなかなかできないわけです。

人間には、いろんな願いがありましょうけれども、その願いのなかでも、往生ができるということを一番強く願っている、と言っていいかと思います。この往生ということができる道として伝わったものが念仏です。念仏によって往生を得る。この点は『歎異抄』の第二章のところに、「おのおの十余か国のさかいをこえて、身命をかえりみずして、たずねきたらしめたまう御こころざし、ひとえに往生極楽のみちをといきかんがためなり」ということばがあります。この往生極楽と言っても、先程申し上げましたように、これを時間として考えないで、場所として考えてみるのです。光が感じられ、生命が感じられる、そういう場所に往生したいと思って、ずっと我々は生きてきている。では、どんな法によるなら、そういう往生ということが得られるのか。またどんな法によるなら通じ合うということで、場所が場所になるのか、それを我々は探しているのである。そういう点では、みなさんがここにおいでになられたのも、「往生極楽の道をといきかんがためなり」という意味になります。

新しく子どもが生まれてきた時に、「ああ、この子も往生を願って生まれてきたんだ」と、こう了解なされれば、生まれた子に対して、「往生の道はこの世にいろいろありそうに見えるけれども、念仏往生ということで、往生がこたえられているのです」ということを伝える役目は我々にあります。

諸仏の国土の意義

なにをおいても我々は場に生まれる。場を作り、場のなかを生きていく。これは文字どおり、そのとおりでありまして、別にあらたまったことを申し上げているわけではありませんし、我々の生活がそのとおりになっています。

その、場のことを考えていきますと、場を決めているものは法というものである。そして、法ということと同時に、法のあり方によっては、通ずる・通じないという問題が出てきて、通ずるということがなければ、場という意味を持ちえない。そういうことを中心にお話しておりました。そして、そのことと、我々からするとあまり関係がなさそうだと思われる往生ということが深く関係しているのだということです。

どうも従来、往生というと、時間のこととしてとらえられてきた。どうしても未来に、死ということの向こうに往生ということが考えられてきたために、その往生は時間をあらわすものと考えられてきたように思われます。よく考えてみると、往生ということは場所に関係してのことである。時間ではなくて、空間として往生ということが考えられてくるのでないかということを申し上げておったかと思います。

ここにいらっしゃる皆さん方は『正信偈』という、親鸞がつくられた偈文はご存知かと思うのですけれども、最初のところに「在世自在王仏所、覩見諸仏浄土因、国土人天之善悪」というところがあります。「諸仏浄土の因、国土人天の善悪を覩見せり」とあります。あれもよく見ると、諸仏の浄土というのは場所をあらわしますが、その諸仏の浄土と言われる場所は何を因《たね》にしているのであるかというので、そこで法が問題にされています。どういう法が中心になって、諸仏の世界というものは出来ているのであろうかということと、もう一つは、そういう諸仏の浄土のなかにあって、人々はどうしているのだろうかということで、「国土人天の善悪」と言われます。人天ですから、そこにいる人や天、そこにいる人達のことです。

諸仏の世界について、こういう例をあげて具体的に考えてみたらと思います。

もし諸仏が、自らが住む場所、そして他者の住む場所を建設して、これを法にしてこのような国を作ろうとしたときに、諸仏は何を法にするのかと言いますと、これは昔から言われるのですけれども、「諸悪莫作、衆善奉行、自浄其意、是諸仏教」という『七仏通戒の偈』というものがあります。「諸悪莫作」というのは、諸《もろもろ》の悪は作《な》すなかれ。「衆善奉行」、おおくの善を行じなさい。そして「自浄其意」と言いまして、自らその心を浄めなさい。これが諸仏の教えである、「是諸仏教」と言われるものです。こういうことばがインド以来ずっと残っております。

ですから諸仏が浄土という場所を作ろうとする場合には、これを法にするのです。悪はなしてならない、善をやりなさいという法です。こういうことを考えていきますと、我々の今住んでいる社会も、わりとこれに近いはずです。

盛岡市で、もしタクシーに乗って五十万円入った財布を忘れたとします。盛岡市だと、もどる可能性があると思いますか。どうですか。「盛岡なら、まだ、だいじょうぶだ」と思われますか。これ、東京だとどう思います。「ちょっと無理かな」という感じですか。では、ニューヨークならどうでしょうか。「盛岡はまだ大丈夫」と思うことができる、この場合五十万円入りの財布を忘れたけれども、警察の方にちゃんと届いている、ということが思われています。

これは何をあらわしているかと言いますと、だれかが忘れたらしい、得をしたとポケットに入れれば、これは悪をなすわけです。逆に「ああ、これは忘れたんだ。困ってるだろうな。なんとか困っている人を喜ばせたい」というので届け出るということになると、これは「衆善奉行」になります。善をなすわけです。そして、五十万円だからお礼はその一割などということも考えない。ともかく困っている人の、「ああよかった」という顔が見られればいいというので、それを持って行くとします。もしそういうことが盛岡のすみずみまで行き渡っているとすると、盛岡というところは、非常に治安のいい場になります。人は、そこでは安心して生活できることになります。そこにまだ希望が持てたり、「ああ、まだこんないい街があるんだな」ということで、少し光が感じられるということになります。盛岡という街は光が感じられる場所だ、ということになります。都市作りをするのに、県なんかは「緑の県○○」とか、「人情の町○○」とか、いろんなキャッチフレーズがあります。盛岡市民が「光を感ずる街、生命が感じられる盛岡」と言えるような街だといいでしょうね。これが、いわゆる場所というものの持っている性質です。もし忘れてもちゃんと届いてくる、安心して歩けるというようなことが性質になっておれば、この場所は非常にあたたかい街ですし、光も感じられるわけです。

このようなことを諸仏の浄土の上で考えていく時、諸仏はその時、悪は離れなさい、善をするように、そして心も純粋であってほしい。これをもとにして国を作る、場所を作るというのが諸仏の浄土という意味になってきます。

しかしながら、私達の世界は必ずしもそうではありません。私事でなんですけれども、私はショックを受けたことがあります。あるところに行った時に、たまたま温泉のある旅館に泊まったのです。それで露天風呂もあるというので、露天の風呂に入って、あがってから周りの景色を見ながらタバコを一服吸えばいいだろうなというので、タバコとライターを持って行ったのです。そして風呂からあがってタバコを吸ったりして、そこでライターを忘れたのです。部屋に戻ってから気がついて、五分も経ってなかったと思うのですが、行ってみたら、もうないのです。だれか届けてくれるだろうなと思って、フロントに行きましたが、届いていない。そこは旅館ですから、当然そこに泊っている人しか考えられないわけです。そうすると、旅館という場所を共同していながら、忘れられているものを我がものにしてしまうということになれば、そこは非常に気分の悪い場所になります。

しかし、現実にそういうことが起こってきます。諸仏の場所はそういうことのない場所です。ここは諸仏の場所ではない。ここはなるほど娑婆であったかとなります。この娑婆にも少しは諸仏の場所のような意味があるでしょう。その少しある場合の例として、先に落としたものが戻ってくることを申し上げたのです。しかし、諸仏の世界の持つ性質のようなものが消えていきますと、その場所が場所になるためのきまりがだんだん消えていって、そして後に残るのは不毛の空間だけです。その空間にはきまりにともなう責任とか、そのきまりをとおして感覚される他者が消えてしまって、だれのものであろうと、いいものであれば我がものにしてしまう。場が場でなくなって、てんでバラバラですから、そこはまったく信用がおけなくなります。場を同じくしていても、通じないという問題になってきます。

通じ合うことができないという例をあげるなら、最近のアメリカでしょう。アメリカのように、自分で自分を守るほかないということになれば、拳銃をいつも持っていなければならなくなります。そうであれば、もはや場所が場所でなくなります。同じところにいるのですけれども、お互いが通じなくて、それぞれがそれぞれということになったら、場所でなくなってきます。

そういう点を考えますと、諸仏の国土の意義も分かります。悪をなすなかれ、善をなしなさい、その心を浄めなさいと、こういう法がすみずみまで、人々のところにゆきわたっている場所であるなら、これは安心し、そして通じ合っていく場所になります。しかし、そういう法が薄れて、だんだんなくなっていった場合には、同じ地域に住んでいるのですけれども、もはや通じ合うことがなくて、バラバラな世界になっていきます。

現代の場と法

このように考えていきますと、今我々の住んでいる社会は、何が法になっているのであろうか。諸仏の浄土の因のようなものが法になっているであろうか。あらためて尋ねてみると、どうも違うものが法になっているようです。

今のところ考えられますこの世の法は、一つには合理の法です。これはおおむね真理・正しさと言ったことに関係するものですが、それは数学がもとになるような法が一つあります。

そして多くのものを動かしており、この場所を決めている、もう一つの法の性質に資本という考え方があります。これは人間の存在から抜き取ることのできない「欲」がもとになっているもので、要するにお金です。経済の法ということが根本にあります。これが生きる上において大きな位置、役割を持ち、これを根本に据えて、それが法になってシステム化された場所が出来上がっているのが現代社会です。そこから、お金になることなら一所懸命になってするけれども、お金にならないことなら馬鹿らしくてできないと、こういう考え方が支配的になってきます。

もし、経済という法が法になってしまった場合、そういうものを法にすると、その場にある人間はだんだんと損得によることになります。もうかる、もうからないということで、いろんなことを判断していくことになります。そうすると、そこは人間が住んでいるのではなくて、お札《さつ》が生きているという感じになります。

これは、何がその場所を決めている法であるかということから出て来るのですけれども、こういう経済の法とか、あるいは数学の法、これらが具体化したものが制度です。教育制度とか医療制度とかと言いますが、これらの制度が我々の住んでいる場所の骨組みを決めていきます。たとえれば、制度は血管で、法は血液のようなものです。そしてこのような骨組みで出来上がった場は人間に何を要求してくるかと言いますと賢・善・精進です。賢・善・精進をよくなすものが「人」と認められる場です。また逆に、この認められた

「人」が骨組みを形成していきます。相互に作用し合って出来上がっているものがこの世です。その意味で賢・善・精進も骨組みの一部となっており、制度化されてもいると申し上げていいかと思います。

学校という場所は、賢・善・精進ということが骨組みになっており、同時にそれらが要求されている場です。もちろん、学校では、知らない状態から知った状態へ移っていくわけです。ですから、愚かさから賢い方向へ行くようにとすすめられています。そして、いろんな人と一緒におりますから、そこでは迷惑をかけたり、人を傷つけたりというようなことをやめて、善をしなさいということが要求されている場所です。そして精進は努力という意味ですから、地道に努力していくことが求められるのが学校という場所です。ですから、学校は賢・善・精進という性質を持っています。そして、この性質に最もよく相応するものが「人」と認められます。相応できなければ「人」より落ちこぼれた「くず」になります。

これは家のなかにあっても同じです。やはり求められているのは、賢・善・精進です。ところがこの「賢・善・精進」を、人間をはかる尺度にして場所が出来上がりますと、賢でない人は、居にくくなります。これはどうしてもそうなります。賢・善・精進をもとにして出来上がっている場所は必然的に逆の、賢でないもの、あまりよくないもの、なまけものを生み出します。そうすると、その場にあつて賢・善・精進というところについていける人は、いい場所になります。しかし、同時にそこには、ついていけないという人が出てくる場所ともなります。そうすると、その人は出て行ってくださいということになります。「この世は、賢・善・精進ということで出来ているので、出て行ってください」と言われても、行くところがありません。これは別に学校ばかりではない。

年がいけばいくほど、何を失うかというと、賢・善・精進を失うわけです。だんだん、ものおぼえが悪くなるでしょう。電話番ができなくなったら、もうおしまいです。四十年、五十年前の、だれも聞きたくもない話はよくおぼえております。しかし、かんじんの昨日・今日の話は、きれいに忘れるようになります。そうすると、これは賢でなくなります。具体的にどうなるかというと、「電話が鳴っても、取らないように」と言われます。そこの場所からはずされるわけです。「お客様が来ても出ないように」と言われます。出て応対したけれども、だれであったか忘れたり、用事は何であったかも忘れる。そうなると出ないほうがいいわけですから、その場所から退けられていきます。それに加えて、だんだんと手の動きも悪くなりますし、身体全体の動きが悪くなって行きますから、善ができません。

このように、この世は、賢・善・精進をもって「人」であることの是・非をはかる世界であるために、それで我々一所懸命やってきたのでしょう。ところが現実は、賢・善・精進がだんだんはがれていくものですから、それにしたがっていろんな場所からはずされていきます。だれからも相手にされず、口出ししても「黙っておれ」と言われる。そうすると、そんな場所は住みにくくなります。住みにくいですから、思わずしらず「まだお迎えが来ません」と言わざるをえないわけです。とすれば、我々の住んでいる場所は、光も生命も感じられないということになってきます。では、どうしたらいいのか。これには答えがなさそうです。「そこで我慢しなさい」というふうに言えるかというと、これは言えません。

なぜそんなことになるのかと言うと、我々が生きているこの場所は、賢・善・精進が「人」の是非を決定する法になっており、これが性質になって出来上がっている世界だからです。そのためにこの場所は光も生命も感じられないような場所になっていきます。

しかし心の底で、「これ以外しようがないんだ、もうあとはお迎えがきてもらうよりほかない」ということを、深く願っているかということになると、必ずしもそんなこと願ってはいません。やはり、深く願っていることは、「光が感じられて、非常にあたたかく、そして生命が感じられて、よくよく通じていくような、そんな場所であってほしい、そういう場所を生きたい」ということでしょう。我々の心にそういうものがある。

ところが、賢・善・精進と言われることを、「人」であることの是非を決定する尺度にしているために、そうでないものがどうしても生まれて来るのです。賢を言えば言うほど、賢でないものがはみ出してきます。ですから、愚かな人を生み出した親はだれであるかというと、賢い人です。悪人を生み出す親はだれかと言うと、それは善です。なまけものを生み出す親は、これは精進です。

賢・善・精進はだれしもが大事だと思い、もし「賢」ということが身につき、「精進」ということが身についていけば、みんなから認められ、結構なことなのです。しかしその結構な事柄が、逆に愚かさを生み出し、なまけものを生み出す。

こういうことで、どうも我々が住んでいる場所は、賢・善・精進ということを性質とするために、かえってその場所は、生きる意欲をそいだり、あたたかさを感ずることができないような場所になっているようです。

私の正体

その場所と我々の関係がどうなるかと申しますと、その場所を生きるのは、みんなそれぞれ「私」と言って生きています。その場所を生きているのは、だれが生きているかというと、「私」が生きているわけです。この「私」というものはいかなるものであるか。今流のことばで、「私」というものの生きているすがたは、次のようなことばで言うことができるかと思います。「自信」と、言えようかと思います。

「私」というものの正体は、「自信」というものである。自信があるとか、自信がないとか言う、あの自信です。自信というものが、「私」というもののすがたである。我々はみんな、「私」、「私」と言って生きています。では、その「私」ってどんなものかと言うと、「私」というものは「自信」というべきものである。どういうことかと申しますと、自信とは自分を認め肯定することです。ですから、人間は自信がなければ生きられない存在です。

今日、皆さん方がここにおいでになられた時、おいでになられたという事柄は、少なくとも自分の身体について自信があったからです。座り込んでしまうのじゃないかとか、途中で身体がおかしくなるのじゃないかという人は、用心して、おいでになられません。おいでになられたということは、本人が意識しているかいないかは別として、みんなそれぞれ、自分の身体に自信があるからです。つまり、自分の身体は大丈夫であると認めて肯定していらっしゃるのです。そして、こうやっておいでになられたということは、まだまだ頭に自信があるのです。聞いても何にも分からないとはじめから思う人は、おいでになられません。聞けばなんとかなるということで、おいでになったはずですから、自信があるのです。そして、一番前にお座りにならないかぎりにおいては耳に自信がありますし、眼にも自信がありますし、そして四、五十分ならトイレを我慢できる自信もあるのです。十分ごとにトイレに行かなきゃならないというような病気を持った人は座っておれません。

ですから、普通、我々が「私」ということで生きている内容というのは、みんな自信を持って生きているのです。ところがこの自信は、頭に持っていても、五十歳過ぎると頭のほうも自信なくなります。そして眼、耳、これも自信がなくなってきます。手の動きについてもだんだん自信を失ってきます。だいたい身体のどこかに自信があるから、人間は背筋をのばしているのでしょう。そして自分の地位とか、自分の仕事とか、あるいは自分の生まれた家とか、いろんなものを人間は自信にしています。なかには、自分の過去まで自信にする人がおります。それも直接知らない過去まで持ち出して、「うちの先祖は」とやる時には、直接関係ないのですけれども、遠い遠い昔を持って来て、「それで……」と言いますし、また知り合いを持って来て自信にする人もおります。自分になにも褒めるものがないと、これはよく世のなかにおいでになりますが、「どこそこの、だれだれを、俺はよく知っている」と言うて、その知っている人が有名な人だと、その人を持って来て、「どうだ」というふうに言うのですから、どこかで人間は自信がなければ、背筋を支えられないのです。

そういう点では、「私」「私」と、言って生きている、その「私」というのは第一人称です。この「私」というものは、自信がないと生きられない存在です。だから、少なくとも、自分はまだ頭に自信があると思っていて、そしてどう考えても自分より相手のほうが頭がいいなあとなったら、自分のほうはすぐ自信を失います。がっかりするということになります。がっかりするとどうなるかというと、身体つきは、体重は減らないのですけれども、気分的には小さくなります。なんとなくショボンとします。自信を持っていても、それ以上の相手が出てくると、やはりがっかりします。力がなくなります。

ですから、我々の「私」は、毎日膨らんでみたり、縮んでみたり、最後は、ほんとに自信がない場合は自分で消すようになります。

今、私がここで、三分間あなたに時間をあげますから、今日聞いた事柄について感想を述べて下さいと言って、だれかを指さして、「どうぞ」と言うと、その方のされるしぐさはどうなるかと言えば、手を横に振って、「だめです、だめです、私だめです」と言うことになります。「だめです、だめです」と言いながら前に出てくる人はおりません。「だめです、だめです」と言って、下がっていきます。どこまで下がるかというと、見えないところまで下がっていきます。

自信がないということは、自分を消すのです。大きい身体、消えるはずがないのですけれども、うしろに行けば消えると思って、無意識に下がっていくのです。後ずさりして自分を消しにいきます。これは自信がない場合です。自信がある場合はどうしますかと言うと、だいたい前に出てきます。「それなら俺にまかせろ」と言って、前に出てきて人を押しのけていきます。

これが我々の毎日生きているすがたです。ですから、「私」ってなにかというと、自信を持って生きておるものだと言っていい。

自信と賢・善・精進

その自信も、こういうものを自信として持つなら、ほんとに自信になるだろうなということになる代表が、この賢・善・精進です。

この世のなかでこれを持っておれば自信になるだろうなと皆が認めておるものは、賢・善・精進です。具体的に言えば、すぐれた、評判のいい学校に行く。それだけで、「ああ、あの人すごいんだね。よくできるのですね」ということになります。そんな人を眼の前にすると、はじめから負けたような感じがします。ほんとは勝ちも負けもないのですけれども、要するに自信です。その人が出た学校と、自分が出た学校、世のなかの評価で、「どちらのほうがより賢であろうか」ということになって、「むこうがどうも上だな」ということになりますと、こちらが負けて、なんとなく小さくなってきます。

ですから、我々の身体をたとえれば、風船が一番近いのではないでしょうか。「今日からは私のこと、風船と呼んで下さい」と言ってもおかしくない。親鸞聖人は「愚禿」とおっしゃいましたけれども、我々にはそんな「愚禿」という自覚もありませんから、まあ我々が一番近いものと言えば「風船」ではないでしょうか。こういうのが我々の具体的な生きているすがたではないでしょうか。

自信を持たなければ我々生きられませんから、自信を持たなければならない。その自信になる材料として、この世のなかで言われるところの代表は、賢いということ、そしてだれから見ても、「あの人は善い人だ、善いことをしている」というふうに言われること、そしてなまけものでもなく、行き当たりばったりでなく、非常に誠実で、地道に努力する、こういうことが自信になっていきます。そういうものを手に入れれば、人間は大きくなります。

そして世のなかが賢・善・精進ということを法にしていますから、そういう法を自分のところに受け入れることができるなら、人間は、その場所では自信を持って生きられる。賢・善・精進が「人」を認定する尺度ですから、賢・善・精進が大きければ大きいほど「人」と認められ、「人」と肯定されますから、それが我々の「自信」となります。ですから自信は自らを「人」と認め、肯定するという意味になります。

その自信のなかでも、世のなかのものがだいたい認めているところの、これさえ手に入れれば自信になるだろうなというのが、これが、この世のなかの場を決めておる、場の性質になっておる賢・善・精進というものです。こういうものが手に入るなら、自信を持って生きられるということになります。その場の性質を決めているものを手に入れれば、その場とぴったりくるのですから、生きていてもおもしろい、楽しいということになります。ところが、賢・善・精進という性質を手に入れることができないもの、そんなものを自信とすることができないものは、まことに住みにくい場所になります。当然そうなります。

さらに、我々の自信は困ったものを持っています。テレビのクイズ番組を見ていて、自分がその答えを分かっているという場合には、どんな顔をしているか。自分がたまたま知っていて、横にいるものが知らない場合の顔というのは、「あんた、そんなことも知らないの」と言って、馬鹿にしたような顔をだいたいするのではありませんか。

これは、我々の持っておる自信というものの、離れ難い性質です。我々の自信は、自信になったとたんに、大きく思い上がるのです。だから、そういう点では、我々の自信というのは劣るものを見い出すことによって大きくなるような自信です。だから、いつも自信を持っておりたいと思ったら、劣っているものを横においておくことです。つまり、それほど我々の自信というのは劣ったものを見い出すことによって、膨れ上がっていく自信なのです。

『正信偈』に「邪見憍慢」とあります。あの「憍慢」が我々の自信のすがたです。これは男であれ女であれ、だれでも自信を持てば、「そんなことも知らないの、そんなこともできないの」というふうに言いたくなるようなものを離れることができませんから、我々の自信は憍慢という性質を持っているわけです。

この憍慢を離れられない自信のために、賢に自信を持てば、知らず知らずのうちに賢でないものをさげすんでいくということになり、さげすまれたほうは生活しにくい、生きられないということになります。要するに、場所が場所でなくなっていくということになります。なるほど、この世は賢・善・精進ということが大きな意味と位置をもって出来上がっている場所なのですけれども、その場所が場所でなくなっていく。場所を失えば、当然そこから人も消えていきます。

このように考えてきますと、場と法と人とはそれぞれに関係しており、特にそのなかでも法が重大な意味を持っていることが分かります。なぜなら、法との関係で「人」が決定・認定されてくるのですから。

広大無碍の自信

我々が毎日、名のっている「私」と言われるものの内容は、自信と言われるものであって、この自信は劣るものを見い出すことによって大きくなるような性質を持った自信です。ですから、我々の持っている自信は、どうしても、押しのけるような意味を持ちます。抑えつけていくような内容を持っている。そしてその自信は、自信の種《たね》になるようなものが、顔にしましても身体にしましても、手先にしましても、みんなこの世にあるものですから、それをもって自信にする。この世にあるかぎりは諸行無常をまぬがれることができません。したがって我々の自信は、浮き沈みを離れることができないという意味を持ちます。

うまくいっている時は自信なのですけれども、長つづきしない。無常という性質を持ちますから、すぐに自分はダメだというような言い方になっていってしまいます。ですから、我々の自信は、その性質から言って、浮き沈みを離れることができません。それを『正信偈』のことばで言うならば、そういうありさまは「憍慢」と違って、これは「邪見」になります。本来、長つづきしないものをもって自分を立てようというのですから、邪見です。ですから我々の「私」と言われるもの、自信の性質は「邪見憍慢」を離れられない。こういうものを持って生きるのですから、通ずることがなかなか難しいという問題になります。みんな、それぞれ自信のよってきたるところが違うということと同時に、他を押しのけて出来ている自信ですから、通ずることが難しいわけです。黙って負けてくれるなら通ずるかもしれませんけれども、負けまいというふうに、お互いに張り合えば、これは通ずることがありません。ですから、同じ場所にいても、その場所がバラバラに感じられるような場所になる大きな理由というのは、我々の「私」・「自信」というもののあり方に根ざしていると言えます。

場はみんな場ですけれども、場を持たずには生きられませんし、また場を作っていくのですが、それにもかかわらずその場が通ずることがなく、そして光が感じられたり、生命が感じられたりするような場にならないのは、どこに大きな理由があるのだろうかと尋ねていきますと、自信がなければ生きられないという、そういうあり方に原因があります。

そういう意味では、この世にあるものをもって自信とし、劣ったものを見い出すことによって自信とするような「私」を生きる限りにおいては、場所はいつまで経っても場所になりません。

よく我々は、「我々が何言ったってはじまらない」と言いますが、その場合は、場所から跳ね出されているわけです。何かやる人はもっと賢くて、もっと力があって、こういう人達が動かしていくのであって、「私等ごときが何言ったってはじまらん」ということになれば、こちら側は完全に、自信というようなことから言えば、小さくさせられていて、したがって胸張れるようなものではありませんから、ここの場所はあまり元気の出ない場所になっているかと思うのです。

そういう意味からいきまして、少し発想を変えて、自分はあと何年この世に生きることが許されるだろうかということを考えてみたら、と思います。もし十年ぐらいかなと思われる場合、「あと十年どうやって生きようか」と思われた場合、もし今のような、「何言ったってはじまらん、何をしたって一緒だ、どうせ私等が言ったって」というふうな形で、あと十年いるとするなら、これは情けないことです。

逆から考えて、「このままの状態で」ということでなしに、「あと十年はここに生きておれるなら、その十年をどう生きようか」と、こうお考えになられた時に、その時には、今までのような自信というものでは駄目だということはだいたい分かっているわけです。

「今までやってきたとおりだ」と言うことになれば、「まあ、どうせ」ということしか出てきません。あと十年、「どうせ」で生きるか、もしそれ以外の生き方があるのだろうか。「どうせと言わなくてもいい生き方があるか」と、こう言った時には、何を自信とするかという問題になります。

この世のなかが、この場所を決めている賢・善・精進と言われるものを自信にしようとしても、これはどうも「どうせ」ということにしかならない。では他に、賢・善・精進に当たるような法というものがどこかにあるのだろうか。そして、そういう法が形づくっている場所はどこに見い出すことができるのであろうかと、こう言った場合の問題はどこに自信というものを持つかという問題になってきます。

この世の自信というのは賢・善・精進ですから、これはだいたい分かっています。しかし、それ以外にどんな自信があるのか。こう言った時に、こういうことばがあります。「広大無碍の一心」ということばです。

親鸞に、このことばがあります。どういうことかと言いますと、念仏を信ずることの出来た信というのは、これは自信をあらわす。念仏という法と相応するから、ここに「人」という意味が出て「自信」につながります。念仏を信ずるという信です。その自信は広大無碍だと言うわけです。広大というのは、これは場所をあらわすことばです。非常に広やかで大きい。無碍というのは、これは通じていくわけです。通ずるから無碍というわけです。

普通、我々がこの世で持っておる自信は狭くなっていきます。通ずることがなかなかできません。他者をおとしめて自分を大きくするのですから、おとしめられたものとの間は、どうしても通じないことになります。ですから、無碍ということは、我々の普通の自信からは出てきません。

ところが、親鸞が「広大無碍の一心」ということでおっしゃられたのは、念仏を信ずる信心ということです。信心と言いましても自信のことなのですけれども、念仏を信ずる自信というものは広大無碍であると言われます。広大ということで、場所という意味があると同時に、無碍ですから通ずる。

しかし、我々の自信はこの世にあるものを自信にしますから、浮き沈みするということで、これは障碍を持ちます。今、我々の持っている自信で勝てないものがあります。どれほどすぐれた頭脳を持っており、どれほどすぐれた業績を積んでいても突破できない壁がありまず。それは、歳がいくということと、病むということと、死ぬということです。これには勝てません。だから、もし執着すれば「全財産をなげうつからこの生命、一時間延ばしてくれ」と、こういうことを言わなければならないことになります。せいぜいが延ばすだけで、壁は破れません。だから無碍ではありません。

このように自分自身のなかにも破れないものがありますし、そして他者との間はおとしめることによって上へ行くのですから、これも通じません。こういう二重の壁を持っているのですけれども、こういうものが破れる。それを親鸞は「無碍」と言います。そういう自信を念仏ということで、我々は獲得するのだ、ということをおっしゃるのです。

ですから、念仏の信心、念仏を信ずるという信心、これが広大無碍という意味を持っていて、これがあることではじめて人間は場所を得る。つまり、念仏をもって、念仏の法をもって自信と場所を開く。これを「広大無碍の一心」ということばで言われます。

これが、いわゆる往生という意味になります。念仏往生と言った場合には、念仏の法をもって、自信と場を開くという意味です。場が我々に与えられてくる。少し結論的な言い方をすれば、そういうものが土台になることで、浮き沈みを繰り返し、そして下のものを作ることによって上になっていくようなこの社会、この世界を問題としながら、それを批判的に受け止めながら、この世を生きていける。そういう土台が我々に知られてくるということが往生という意味になってくるかと思うのです。

だから、念仏往生ということがないと、この世は生きられません。

今、我々は、そういう意味では生きているのではないのでしょう。生きているのではなく、待っているのです。待っているというよりは、真宗の人がよく言いますが、「おまかせします」と言っているでしょう。あの「おまかせする」も、「待っている」も同じです。「もう生きるも死ぬも、すべて仏様におまかせしています」などと言って、世のなか、どうひっくりかえっておろうと、「おまかせしてます」ということになって、非常に無責任になっていくわけです。

この世を生きていく肝心の心というものが、我々の場合には壊れてしまっているのです。そういう我々に、念仏の法を信ずるということで自信と場所が開かれていく。そういうことになります。

一人称単数・複数

そこで生まれた自信というものこそ、テーマにあげました「一人称」です。「私は」と言えるこの私は、念仏を信ずるという信心、これが「私は」という意味の第一人称になります。それは他と通ずるという意味を持ちますから、通ずるということになるとどうなるかと言うと、単に「私」というだけではありません。「私達は」ということになります。場所を見つけることができましたから、そこに「私達は」ということが出てくる。「私達は」というのは一人称の複数です。

親鸞という人は、自ら「愚禿釈親鸞」と名のったり、「親鸞は」とか「親鸞においては」というふうに、ご自身をお名のりになられた。これは第一人称です。その「親鸞においては」と言われていることを我々が聞くと、そこに感ずるものがあり、通ずるものがある。ということになれば、「親鸞は」というその親鸞は、「お前らは知らんかもしれないが、この親鸞は」という親鸞とはどうも違う。通ずるという意味を持っているわけです。通じたからこそ、親鸞の書いたものが今日まで伝わっているわけです。あれが自分の自慢をしているのであれば、だれも宗祖とあがめもしませんし、そんな本が残るはずがありません。「愚禿釈親鸞集む」と書かれたのが『教行信証』と言われる書物です。

ところが、その親鸞の書いたものが、ずっとその後、多くの人々に通じていったということは、「親鸞は」と名のっている親鸞の一人称は、普通我々の持っている「そんなことも知らんのか」という「私」とは違います。それは、念仏の法を信ずることができたということで生まれ出た一人称です。「私」と。これがあるから、親鸞は別のところでは、「煩悩具足のわれら」あるいは「煩悩成就のわれらは」と、今度は「私達」ということをおっしゃるわけです。だいたい失礼な話です。「煩悩成就の親鸞は」と言うのなら、「うん、そうかもしらん」ということですが、そこに「われら」まで持ってこられますと、迷惑な話です。「あんたはそうかもしらんが、わしは違う」という面がありますけれども、「煩悩成就のわれらには」と、こう言われると、「なるほど」と、うなずかざるをえないのはやはりそこに通ずるものがあるからです。

通ずるという場合には、そこに何があるかというと、これが場なのです。場が場になったためにバラバラでなくなったのです。「あんたと私と違うよ」ということではないのです。念仏の法というものが場をあらわす場合、その場はいかなる場であるかと言えば、「無量光明土」と言われたり「諸智土《しょちど》」というふうに言われたりします。場を見い出すことによって生まれ出た「私」は、「私達」と言える、通じ合う世界というものを見い出していくことになります。

我々も、「私」「私」と言うて今生きているわけです。今を生きているのです。文字どおり、現在を生きているわけです。ところが、今我々が生きている場所は、場所に違いないのですけれども、てんでバラバラになっていて、場所にならない。それはなぜであるかと言うと、依っておるところの法というところに問題がある。その法とかかわりを持つというところに、自信という問題があるのですけれども、この自信が、先に言いましたように浮き沈みを離れられず、また通ずることが難しい。そういう自信を持って生きているために、みんなバラバラにならざるをえない。そして、果ては「こんな娑婆にどれだけおったってはじまらん」というふうに、場所すらも失っておる。

そうした意味を『正信偈』のことばに直しますと、我々はみな、「邪見憍慢の悪衆生」になっているわけです。文字どおり、邪見憍慢の悪衆生になっている。そういう我等であればこそ、往生を願っているわけです。「どこかに、通じ合い、光を感じ、生命を感じることのできる場はないのか」と、それを今、我々は探している。

そういう、我々の探しているものに対して、「南無阿弥陀仏という法がある」と示されるのです。この法が性質となって出来ている場所、そういう場所を我々が知ることができるならば、そのことを知ることができた心をもとにしてこの世を生きていくことができる。それは決して、「どうでもなってくれ」という生き方でもありませんし、むしろ親鸞のお心からすれば、こういうことばになります。「願楽覚知《がんぎょうかくち》、成作為興《じょうさいこう》」ということばです。これが生きていくということだ、とおっしゃっておられる。願うものを持つ。願わざるをえないものを持つ。それは非常に自覚的な生き方です。意識して、意識的に願うものがあり、そしてこの世を成していき、作っていき、興していく。こういうのが生きるということであるというのです。これは親鸞の「欲生」ということについての表現です。浄土に生まれんと願う、往生を願う心、往生の心、こういうものを「願楽覚知、成作為興」と言われています。「どっちでもいいわ、はやくお迎えがきてほしい」という心と、まったく違うわけです。

ですから、せめて今からでも、十年、五年でもいいです。なにか、こういう心を持って、この世を生きていく。そういうところに、往生ということが語られており、また念仏を信ずる、南無阿弥陀仏という念仏を信ずるということも関係しております。

それは別に真宗ということでなくて、この一回きりの自分が、この人生を生きるという、自分にとって一番大事な問題です。そういう一番大事な問題が、念仏を信ずるということで教えられているのだと、そういうことを確かめてみたいということで、お話申し上げました。

あとがき

平野修が亡くなったのは、一九九五年九月二十七日。六日前の九月二十一日の夜、本人から電話があった。頼みたいこともあるから出来れば金沢まで来てくれないかということであった。日程もつまっていて、二十五日なら行けると思うと返事して電話を切った。

翌二十二日の夜、今度は奥さんからの電話。半日ごとに弱ってきている。二十五日では来てもらっても、きちんと話が出来ないかもしれない。本人はいま寝ているけれども、自分の判断で電話をした。本人が頼みたいといっているのは、證明寺の公開講座の『聞き書き』三冊をまとめて本にして出したいということだと。

一九九〇年、九二年、九三年と公開講座に来てもらい、その記録を『聞き書き』として出版し、有縁の方々にお配りしたものがあるのだが、その三冊をまとめて一冊の本として出版したいということなのであった。出来るだけ多くの人に読んでもらいたいと本人がいっている。版権は證明寺にあるわけだが、明證寺から出版することを了承してほしいということだと。(私が住職をしている寺は證明寺、平野の寺は明證寺という。念のため)朝方は比較的元気にしているから本人と電話で話をつめてほしいということであった。

翌朝、病室に電話をいれる。なんと平野修は字数まで計算していた。一冊目は何万字、二冊目が何万字、三冊目はさがしてもらったが見つからないので持ってきてほしい。マザーテープもと。本を作るのは九州の三那三秀亮さんに頼んだと。わかった、日程は調整がついたから、今日の彼岸中日の法要が終わったらすぐ出て、明日の午前中には行くから、それまでがんばってろよ、と電話を切った。

二十四日午前十時ごろ病院についたが、いま着替えているからとのことで、廊下でしばらく待つ。その間にお姉さんから、昨晩から今朝にかけて、ひどい吐血があったことを知らされる。奥さんに迎えられて病室に入ると、ベッドの上に半身をおこし、思っていたほどではなかったが、やせて、鼻に管を通した平野修がいた。「おお、待ってたぞ、無理いうてごめん」と、大きな声の第一声。平野は手を差しのべて握手を求める。手を握りながら、平野と握手なんてと、さまざまな思いが交錯する。見舞いもそこそこに出版の話をすませ、しばらくのあいだ話していたが、返事をしないこともあり、眠りに引き込まれることもある。そのあいだにも、鼻に通した管から大量の血が流れ出ている。その日の夜から痛みが激しくなり、強い薬を使うことになったと、あとで聞かされた。

元気になってくれとか、頑張れとか、そんな気持もなく、電話がなるたび、ドキッとしながら、ただただ平野修の最後の時を待っていた。九月二十七日、知らせの電話がなった。

三那三さんのご努力で、七七日を機に遺稿集『荒野の白道』が平野自坊明證寺から出版され、平野修の遺志が有縁の方々に手渡されることになったが、各地から要望が絶えないとのことで、今回、法藏館から形をかえて出版されることとなった。選集をはじめ、各地からいまなお講義録が出版されてはいるが、この本は、平野修の願心と意欲を大地として、平野修自身の意志によってつくられた、おそらく唯一の本なのであって、その意味は大きい。命終わることを知りつつ「出来るだけ多くの人に読んでもらいたい」といった平野修は、ご縁を結んだ方々、あるいは、この本を手に取って下さる方々に何を伝えたかったのか。

なお、證明寺の公開講座は、「汝　いずこにありて　いかなる精神に生きんとするや」というテーマでおこなわれたもので、そのつどの講題は平野修自身による。九三年については、講題は「一人称単数・複数・現在」であったが、加筆訂正の段階で「法と人と場と」と改められている。

松見宣成

平野　修（ひらの　おさむ）

1943(昭和18)年石川県に生まれる。大谷大学大学院博士課程を経て、1991年まで九州大谷短期大学教授。1995年9月示寂。

著書　『浄土の問題』－世界と聚り（金沢教区教化委員会）
　　　『鬼神からの解放』（上・下）－化身土巻（難波別院）
　　　『浄土論註講義』（一・二）－論註の基礎（六道会）
　　　『民衆のなかの親鸞』－同朋選書18（東本願寺出版部）
　　　『真宗の教相』全二巻（法藏館）
　　　『平野修講義集』全二巻（法藏館）
　　　『親鸞からのメッセージ』全五巻（法藏館）
　　　その他多数

荒野の白道－真実の浄土を求めて

二〇〇二年三月一五日　初版第一刷発行

著　者　平野　修
発行者　西村七兵衛
発行所　株式会社　法藏館
　　京都市下京区正面通烏丸東入
　　郵便番号　六〇〇-八一五三
　　電話　〇七五-三四三-〇〇三〇（編集）
　　　　　〇七五-三四三-五六五六（営業）

印刷　リコーアート・製本　清水製本

ISBN 4-8318-4146-3 C0015

れている。暗と苦を乗り越えたところに広がる明にして楽なる世界を、今に「聖人」と仰がれる人たちは体得し、その境地をその当時の民に説かれた。ここに少しばかりその心を味わわんとするものである。

自然法爾《じねんほうに》――心の奥底にいだく根本矛盾の克服――＊目次

自然法爾《じねんほうに》

心の奥底にいだく根本矛盾の克服

生活の中心

信ずる世界

国家の中心には首都があり地方の中心に県庁所在地があるように、どこにでも中心があるのが一般である。この中心とは大切なもので、独楽《こま》でも中心がずれるとよく回らぬように、国家でも、地方でも、各種団体でも、また一つの家庭であっても、それは同じである。

ましてや中心が無いとなると、無政府状態となる可能性がかなり高くなる。今のイラクの状況(二〇〇七年現在)を見ればよくわかるであろう。少し前まではサダム・フセインという中心がいたが、政権が破壊されその本人が拘束されると、収拾がつかなくなった。

総選挙が実施され政府が動き出したのでそのうちに収まってくるかもしれぬが、中心がしっかりしていればそれだけ、それを取り巻く環境はうまく回転するものである。これは一個人でも同じであり、その本人にとって何が中心であるかは、生活の基本であり、生きる原点でもある。

われわれが不安なく、あるいは不安が少なく、より望むならば安心して生活することができる中心は何かというと、それは「信ずる世界がある」ことである。「信ずる」ことができないところには不安がつきまとい、それが増大すると恐怖となり、なかには破壊が出てくる。

われわれは住む家を持っているが、家の中で安心して暮らせるのは、まず第一に家は壊れない、という「信」があるからである。夫婦の仲がおかしくなり何時相手から命を奪われるやしれぬという状態であると、安心していっしょに寝ておられるものではない。安らかな睡眠には、やはり相手に対する「信」が必要とされる。

平成十六年末にインドネシアで大地震が起き大津波が発生して一瞬のうちに三十万人の命が奪われたが、海のそばに家を持ち生活することに何の不安も感じなかったということは、海には、家そして多数の人命を一瞬にして奪うような大波が発生するはずがないという、「信」があったからである。

われわれは日常紙幣を使って買い物をする。しかし考えてみると紙幣とは、紙に絵が印刷された、ただそれだけのものである。何故それが価値を持つかというと、そこにも「信」があるからに他ならない。中国や韓国へ行くと自国の「元」や「ウオン」よりも日本の「円」をほしがる。「円」の方が国際的に「信」があるからである。そこで贋金を造る人が出てくる。それが横行するとどうなるかといえば、貨幣は信用を失い、その価値を下げてしまうのである。それが大幅に進むと、貨幣価値の破壊となってくる。

ボロボロの船に乗ってたくさんのボートピープルが日本に向かったということは、その人たちにとって中国という国家は「信」を失ったということであり、脱北者が命がけで他国に亡命を求め続けるのも同じ事である。

一九九一年十二月二十五日、大統領ゴルバチョフが辞任し、翌二十六日をもってソビエト社会主義共和国連邦が正式に滅亡した。あの超大国が、いきなり自滅したのである。軍事力ではアメリカとまともに相対するだけの力を持っていた国が、何故急に？

ゴルバチョフ

写真提供：共同通信社

ロシア革命により社会主義国家となったソ連は、その時国民に対し将来の豊かさを約束した。しかし実際には良くならなかったのである。その理由を、初めは出発点とその後の戦争のせいにした。ソ連はもともと東欧においては後進地域にあったし、第二次世界大戦ではナチス・ドイツによるすさまじい破壊があったからなのだ、と。その理由が通じなくなってきた時にあげたのが、戦後のリーダーの人格である。スターリンの異常な性格とその政策が問題とされ、スターリンの後を継いだフルシチョフは気まぐれ無頼漢と批判され追放された。すなわち物質的に豊かになれなかった理由を出発点とヒトラーによる破壊や指導者のせいにした時には、理論と体制は正しいのだ、と多くの人は信じていたのである。したがって一九六四年に共産党官僚正統派のブレジネフが書記長に就任した時には、社会主義国家は希望に燃えていた。しかし一向に現実はよくならず、八〇年代に入るとそれまでの言い訳がすでに通じなくなっており、社会主義の理論と体制そのものが疑われだした。つまり、社会主義そのものが「信」を失い始めたのである。その信用失墜が社会主義陣営に広がった。それまで自分たちを支えていた社会主義への信頼が失われると、音を立てて国家は壊れ始めたのである。一九八九年十一月九日にベルリンの壁が民衆の手で壊されると、それからたったの八十日で、東欧の社会主義国家は雪崩《なだれ》を打って崩壊したのであった。そしてその二年後には、世界を長い間震撼させてきたあの超大国ソビエト連邦までもが、あっという間に崩れ去ってしまったのである。これら一連の二十世紀末に起こった大事件は、人々を長年支え続けてきた思想に対する「信」が失われたから起こったものに他ならない。

さてわれわれ一人一人は、今まで何を信じ、今は何を、そして将来には何をどう信じて生きて行こうというのであろうか。これは何を中心に今まで生きて来、今は、そして将来はという、まことに重大な問題なのである。

生きる意味

アメリカ国内にはあちこちに、要塞都市なる町が存在している。周囲が城壁のような高い塀で囲まれた土地に、出入り口は門だけであり、そこには門番がいて、不審者はもちろんのこと、許可がない者はたとえ親戚の者でも入ることができぬ。一般社会からは隔絶されているが故にその中で暮らす者は、犯罪の多いアメリカの中でも安心して暮らせるのであるが、その中で暮らすにはたくさんの金を持たねばならぬ。すなわち金によって安全と安心が保証されているのである。人生の勝ち組の人たちだけがその中に入ることができるのであるが、そのような要塞都市の中でも特に金持ちばかりが生活するアメリカでも代表的な要塞都市のことを、ある日NHKが特集していた。大金持ちばかりが生活するのであるからわれわれとはレベルが違うが、こちらの関心を引いたのは、その代表的な要塞都市の中に住む金持ちでも、皆がそうなりたい、そうなることが夢であると憧れる、金持ちの中の金持ちの一家族の生活であった。その人たちは若くして一生涯生活するに充分すぎる金を儲けたのである。そこで経営していた会社を売り払い働くことをまったく止めてしまって、今では朝何時に起きようが、いつ食事をとろうが、何を食べようが、どこへ遊びに行こうが、一切は自由にできるという境遇を勝ち得たのであった。まさに悠々自適の生活である。そんな生活が、その要塞都市に居を構える多くの金持ちたちの夢であった。

豪邸を構え気の赴くままに毎日をゆったりと生活しているその夫婦に、ある日NHKがインタビューを申し出た。初めは快く受け入れてくれた。見ていると、ゆったりした生活がそのままあふれ出ていた。しかし二度目のインタビューの時であったと記憶する。承知してくれたのでNHKが約束した日に行ってみると、その場で断られてしまった。夫婦がもめ事を起こしていたからであったが、それもただごとではなく、かなり深刻なものであった。しかも夫の方がどこかへ姿をくらまし、行方がわからなくなっていたのである。間もなく連絡が取れ近くのホテルに泊まっているのがわかったが、後に夫婦は別々にインタビューを受け、それぞれの心境を語っていた。奥さんの方は、涙を流しながらであった。

そこまで来るまでには多くのものを犠牲にせねばならなかったことは両方とも言っていたが、特にこちらの関心を引いたのは、「自分たちの考えが間違っておりました」という両者の発言であり、夫の方の「これからは小さな会社でもいいから起こして働こうと思います」との切なる思いであった。その間違っていたと自覚した自分たちの考えとは、「金が充分貯まったなら働かないで自分の好きなように暮らし、そうできるところにこそ人間の求めるべき究極の幸せがある」というそれであった。その考えが間違いであったということは、すなわち、自分たちの信ずる世界が間違っていた、ということに他ならない。それが理想を実現したと自覚した人の辿り着いた結論であった。生活の中心が崩れたことにより、有り余る財を持ちながらも、家庭は大きく崩れて行ったのである。しかし間違っていたと自覚したその夫婦がそれまで固く持っていたその理想をその要塞都市のほとんどの人たちが夢みているということは、そこの住人だけではなく、われわれ日本人の夢でもあり、世界に住む数多くの人間の夢でもあるはずだ。ならば、世界の大多数の人たちは、その間違った信心の上に立っていることとなるであろう。

働きたくないということは、きつい目に会いたくないということである。時間に縛られ嫌な仕事も人づきあいもせねばならぬといった生活をしたくないということであり、思うがままに生活するとは、表現は悪いが、欲望の赴くままに暮らすということである。しかしそれを実現した人が「その考えが間違っていた」と自覚したということは、人間とは嫌な仕事もせねばならず嫌いな人ともつきあわねばならぬ存在であり、それを自覚するところにこそ正しく信ずる世界がある、ということに他ならぬであろう。しかし現実はいかがであろう。核家族は当たり前となった。嫌な姑とは一緒に暮らしたくないからである。したい仕事が見つかるまで待つという人も増えてきた。その延長に出てきたのが「ニート」ではなかろうか。昔はそんなことを言ってはおられなかった。どんな仕事でもいい、まずは働かなければ食べていけなかったのである。

余裕があるということはまことに結構なことである。しかし豊かな生活を求め続けてきた人間は、どうも「自分たちの考えが間違っておりました」という方向に向いて動いている気がしてならぬ。

今からおよそ二十年ほど前のことである。当寺が所属するこの地域の十三カ寺の主催で、「仏教青年大会」なるものが開かれた。集まってきたのは二十代から三十代前半の若者たちであった。何回かの準備会を重ね本番にのぞんだが、その中で大会のテーマを決める段となり、思案したあげくに、それぞれ個人がかかえている内なる問題を匿名で文章化しそれについて話し合いをしよう、ということとなった。そこで私も一筆書くことにした。私が書いたのは、私の二十歳前後の、まさに青年時分の大問題であった。当時の自分に一番問題であったのは、「人生の目的」であり、「生きる意味」だったのである。今は若くて楽しいが、この先ずっと生きていったなら、途中で失恋をするやもしれず、失敗もするであろう。結婚してもうまくいくという保証はないし、たとえ多くがうまくいったとて、老年を迎えたなら容貌は衰え力も弱まり、若い時に楽しんだことができなくなるやもしれず、多くの人から相手にされなくなる可能性さえ出てくるであろう。いったいそこまで生きて何の意味があるのか？　そこまで生きるよりも、愛する女性との性行為の最中とか、おいしい物を腹一杯食べ満足している時に、こちらが気がつかぬように誰かが頭を一発で撃ち抜いてくれれば、それこそ快楽の絶頂で死ねるのだからそれが一番いいに違いない、と考えたのである。何も冗談でそのように考えたわけではない。まさに真剣そのものであった。

ところがその文面に接した仏教青年大会の参加者たちが言ったことは、

「大学生とはこんなつまらぬことを考えるのか。世の中には楽しいことがたくさんあるんだから、こんなことを考える暇があるなら、楽しさを充分満喫した方がよっぽどましだ」

であった。参加者は三十人ほどであったが、たった一人を除き、他の全員がそう言ったのである。たった一人の、その女性が言ったことは、

「この人は何かに目覚めようとしている人だと思います」

ということであった。

その大会の時私は三十歳を少し過ぎたくらいであったが、学生時代に友人と真剣に語り合ったことが、たった一人を除いて、他の全員に問題にもされなかったのである。「学生は暇だからそんな

ことを考えるんだろう」と言われれば、その通りである。否定することはできぬ。しかし、充分に自分の人生を考える時間を持っているのが学生生活のいいところでもある。

自殺者が三万人を越え始めてから、平成十七年で八年連続それが続いた。おそらく十八年もその後もそれが続くのであろう。自殺予備軍はこの何倍にもなるそうである。このたくさんの人の自殺の原因について養老孟司氏は述べている。

年々、自殺者が増えているということは、直接的には不況などが原因になっているとはいえ、突き詰めれば人生に意味を見出せない人が増えている、ということに他なりません。

（『バカの壁』）

人生に意味を見出せぬとは、生きる上での中心がしっかりしておらぬということである。五木寛之氏はそのエッセイ『人生の目的』において、

人生に決められた目的はない、と私は思う。しかし、目的のない人生はさびしい。さびしいだけでなく、むなしい。むなしい人生は、なにか大きな困難にぶつかったときに、つづかない。

と述べている。「つづかない」からこそ、多くの人たちが自ら命を絶つのであろう。この文面にも生きる中心がしっかり定まっておらぬ人間の、寂しい心が強く感じられる。

「生きる意味」「人生の目的」とは、人間が生きる上での中心である。その中心が確立されるところこそ、人間の立つべき原点である。その原点がいかなるものであるかは、八百年ほど前に法然上人・親鸞聖人によって体得され、当時の民に説かれた。立脚点は「他力の信心」である。「他力の信心」とは、己の心をはたらかせて信ずるのではない。阿弥陀仏から信心というまことの心」をいただくのである。それは、「私」の判断の入る余地が微塵《みじん》たりともない心の世界である。言葉をかえれば「仏を念ずる」心である。「仏を念ずる」といっても、己の意志で念ずるのではない。自ずから弥陀の心が己の心に宿るのである。これがすなわち「仏を念ずる」ことであり、「念仏」に他ならない。

他力の偉大なる力に摂せられるところに開けるのは、広大にして光明に照らし出された、人間の拠って立つべき原点である。しかもこの原点の確立した人間は、力強さを心身に漲《みなぎ》らせているのである。

快楽の先に待つ世界

欲の生活

人間である以上、幸せを望まぬ者はいない。どこに幸せを感じるかの具体的な場所は人によって違うが、欲望が満足される所、それが人間の幸福感をいだく世界である。これは否定できぬ。仏教では、人間の持つ欲を五つに分けて理解している。財欲《ざいよく》・色欲《しきよく》・飲食欲《おんじきよく》・名誉欲《めいよよく》・睡眠欲《すいめんよく》の五つであるが、この中でどの欲が満足されることを人間が望んでいるか順位をつけるとするならば、第一にあげられるのは飲食欲であるように思われる。そして二番目に位置するのは色欲《しきよく》（異性に対する欲）ではなかろうか。兼好法師は、

世の人の心惑はす事、色欲には如かず

（『徒然草』第八段）

と、色欲が第一と言われるが、どうもそうではないようにこちらには思われる。

ひだるさに　寒さに恋を　くらぶれば　恥ずかしながら　ひだるさがます　（沢庵）

の方が人間の真実の姿を言い当てているであろう。しかし、どちらが一番で二番かは、ここでは大した問題ではない。人間が持つ欲の中で満足させたい中心のことを問題としているのであるが、それはおそらくこの二つであろう。財が欲しいのは色《しき》・飲食・名誉といった欲を満足させたいからであり、逆にこれら三つの一つたりとも満たされぬのであるならば、財は持っていても、あまり意味を持つものではない。名誉欲は女より男の方が余程強いが、男が地位や肩書などの名誉を欲しがるのは、それがあれば財が伴いやすいし、女性を魅きつけるに力となる可能性が高いからである。どれほどの地位や肩書があろうとも色欲も飲食欲も満たされぬのであるならば、それらの名誉は、男にとってそれほど価値のあるものではない。女性が男ほど地位や肩書を欲しがらぬのは、それらの名誉を持ったとて男を魅きつける力とはなりにくいし、かえって逆に邪魔になる可能性があるからに違いない。

睡眠欲は、これが強い時には、財も色も飲食も、まったく省みず眠りにつこうとする。しかし、これは眠たい時であって、日中当たり前に生活している時には、この欲はあまり顔を出すものではない。したがって五欲の代表は、飲食欲と色欲と言ってまず間違いはあるまい。おいしい物をたくさん食べて愛する人と一緒に生活をする、そこにこそ求めるべき幸せがある、と多くの人は思ってきたはずである。資本主義社会においても社会主義社会においても、この考え方は両者に共通するものであったはずだ。その考えが正しいと思ったということは、正しいと「信じた」ことである。正しいと「信じた」からこそ、それを成就しようとして実践をし、文明社会を築き上げてきたのである。文明社会そのものは悪いものではない。問題はそこに住む人間である。

文明社会の中で欲の満足されるところにこそ幸せがあると「信じて」それに邁進《まいしん》し溺れるならば、人間はいったいどうなってしまう生き物なのか、それを食と性という、強いこの二つの欲の面から検討せんとするのがこの章である。

美食の果て

ある家で話をしていると、その人は言った。

「そういえば、昔は病院が今より少なかったですねえ」と。

確かにその通りである。昔は今よりはるかに病院が少なかった。私の子供の頃は、周りにあっても小さな個人病院ぐらいであった。今は大病院も小さな病院も、ずいぶんと増えたものだ。中には倒産するものまで出てきた。これは昔では考えられなかったことである。

昔病院が少なかったということは、そこへ行けるだけの金を持たぬ人がけっこういたからであることはもちろんである。子供の死ぬことが多かった。栄養が足りなかったし、医学が今ほど進歩しておらず、医薬品も少なかったからである。しかし、大人は現代ほど病気には罹らなかった。経済的にゆとりがなく、出された物を食べなければ他に食べる物がなかった時代にである。

今は飽食の時代であるから、たくさんの中から選び取って食べられる。それが可能となったということは、それだけ人間が幸福になったということに他ならない。しかし食欲の赴くままに飲んだり食べたりしていると、身体の中に出てくるのは、肥満・高脂血症・糖尿病・高血圧といった生活習慣病である。この病気がさらに進むと、癌・心疾患・脳卒中などという成人病となる。

医学部の教授が講演の中で話していたが、動物で実験してみると、好きなだけ腹一杯食べたものと五〜七割で押さえたものとでは、ダイエット群が一・五割長生きし、癌の発生率も減るということである。

病気とは身体が正常ではなくなることであり、すなわち異常となることである。身体が異常となるとは、正常な身体が破壊されることである。昔は贅沢《ぜいたく》ができるのは、王様か金持ちといった人たちぐらいであった。したがって生活習慣病や成人病等にかかるのも、その人たちが主であったのである。今は一般の人たちがこの病気に罹るというのであるから、その贅沢ぶりがうかがわれよう。人間の食に対する欲には果てがないから、これからも美食を摂り続けることに変わりはない。そしてそこに出てくるのは、糖尿病や癌等という名の正常な身体の破壊である。

人間とはまことに矛盾した生き物で、豊かな食生活ができるようになると幸福を感じるが、それにどっぷり浸かるとまともな身体が異常をきたすのである。身体が異常となるとは、生活が間違っているということに他ならない。人間の身体は寒さ、暑さ、痛さなどを感じるように造られているが、寒さを感じるということは、「このままでは正常な身体を保てないから衣服をさらに増やしなさい」という声なき声の命令であるはずだ。暑さを感じるにしても同じことで、こちらは正常な身体を保たんがために、「着ている物を減らしなさい」という命令に他ならないであろう。痛さ痒さ等を感じるのも同じ事であるに違いない。病気に罹るにしてもその延長であろう。ならば病気とは、人間の身体を正常に戻さんがために出てくる肉体上の現象に他ならないはずである。高血圧や糖尿病等を生活習慣病と呼び始めたのは十年ほど前からであり、命名者は文化勲章受賞者の日野原重明医師であるが、こう名づけられたのはこれらの病気は生活習慣から出てきたものであり、それが改善されれば治る病気であるからに他ならない。昔の日本人は菜食が主であった。しかし今はアメリカなみの肉食である。したがってアメリカ人が罹るような病気に多くの日本人が罹っているのである。

人間をして食生活が間違っていることを教えているのは、生活習慣病だけではないように思われる。最近まで鳥インフルエンザが世界各国で騒がれていたが、その少し前は狂牛病であった。牛の脚がもつれてその巨体がどっと倒れるのを映像で見ていると、とても牛肉を食べようという気持ちにはなれぬであろう。人間は豊かな食生活をしたいがために、鳥や牛や豚や馬などを、あたかも野菜でも作るように「生産」してきた。「生産」してきたのは畜産農家であるが、われわれ一般人が求めねば、いとも簡単な「生産」そして「屠殺《とさつ》」が行われることもなかったであろう。どんな生き物でも、他の生き物を食べねば生きてはいけぬ。それは人間でも同じである。しかし人間だけはさらに美味しい物をさらに多くという、食への飽くことなき欲を限りなく満足させようとする。その心と行動がいかに間違っているかを、鳥インフルエンザ、狂牛病、また豚コレラ、鯉ヘルペスなどといった形で自然が教えているのであろう。このまま人間が飽食生活をさらに増長させつづけようとするのなら、次は他の魚にも鯉ヘルペスと同じように、タイ○○、マグロ○○、ブリ○○のような病気が出てくるのではなかろうか。

美食の摂り続けは生活習慣病を生みそれは成人病へとつながり、アルコールに浸ると中毒となる。どちらも食べたい物を食べ飲みたい物を飲みそこに幸福を感じるのであるが、その果ては正常な身体の破壊であり、その先に待つのは「死」である。一人がアルコール中毒に罹ると、それが家庭を壊していく。中毒に罹らぬまでも、飲み続けている人が何らかの形で家庭を壊していることは、よく耳にするところである。アルコールの場合は中毒という言葉を使い忌み嫌うが、生活習慣病という名であると、そこまで意識してはおるまい。そこが怖いところである。食欲の満足される延長に待っているのは、そんな世界なのである。

このようなことに気がついたのは筆者自身の個人的生活からである。町からの指導により五十歳の検診を受けることとなった。受けてみると、尿酸と総コレステロールの量の多さを指摘された。五十歳の男性の尿酸の正常値は三・〇～七・〇であり、総コレステロールは一四九～一九九である。それを私は、前者が八・三、後者が二二九であった。このままいったらさまざまな生活習慣病の出てくることを保健婦に言われ、昔はそんな病気は殿様ぐらいしか罹らなかったことを後に医者に聞かされた。しかし病人の予備軍であることを聞かされても、本人はほとんど気にはしていなかった。

したがって食生活に変化は、その後もまったくなかったのである。朝食はあまり多く食べる方ではなかったが、昼食夕食は毎日腹いっぱい食べていた。たまたまその頃テレビでプロボクシングの試合を見ていると、解説者がその選手の個人的なことを説明していた。六階級制覇をしたメキシコ出身の選手であったが、その選手には貯金が一二〇億円あること、そして試合前になるとボクサーはだいたい十キロほど減量するものであることを話していた。私のような贅肉《ぜいにく》ばかりの身体なら、運動をして汗をかき食事の量を少し減らせば、それは簡単に到達できるかもしれぬ。しかしプロボクシングの選手なのであるから、毎日厳しい練習を積んでいるのである。したがって普段でもあまり無駄な肉はついていないはずだ。それを十キロ減らすというのである。

サウナはもちろん使うであろうが、食べたい物を食べない、飲みたくても飲まない、これが基本である。元世界チャンピオンが言っていたが、減量は非常にきついそうである。しかも一二〇億円の莫大な金を持っている男がそれをするのである。それだけの大金を持っていれば、何も食に厳しく節制をするような苦しい生活をしなくても、一生涯贅沢三昧をし遊んで暮らすことが充分過ぎるほどできるのである。にもかかわらず相手に勝つために、食べたい物も飲みたい物も我慢するというのである。「これはすごい」と私は思った。そのような条件を備えた男がそれだけの厳しい自己抑制をするというのであるから、リング上で戦わなくてもいい己は我慢ぐらいは真似せねばなるまいと思い、それがきっかけで私は減量を始めた。主に食べたのはコンニャクである。コンニャクさえ食べていれば悪い病気には罹らないと言われるぐらい、コンニャクには身体の中の悪い成分を外に出す力があるというが、ただし栄養はまったくないそうである。そう聞いていたので、それで腹をふくらませ、ほんの少しだけ他の物を食べたのである。ちなみに言うと、それまではご飯なら茶碗に三杯、麵類なら丼に四杯が普通であった。それを大幅に減らしたのである。そのやり方で一ケ月に三キロ落とすという目標を立て、そのように実行して、半年で十八キロ落とし込んだ。

八十キロの体重が六十二キロに落ちた。減量はそこで止めることとした。理由は、顔の肌が艶を失いざらざらしてきたからである。それから三ケ月ほど経った頃、たまたま通っていた皮膚科で試しに血液検査を受けてみた。一年ほど前に問題を指摘された尿酸と総コレステロールは、前者は七・〇に後者は一七七に落ちていた。医者には「まったく異常がありません」と言われた。問題の数値を減らすために減量を始めたわけではない。すごいプロボクサーを見たからである。しかし結果として数値は正常に戻っていた。そこで初めて気がついたことである。「食の幸せの継続は人間の身体を破壊する力を持つ」ということを。それを自覚した時、昔の聖人の残した言葉をふと思い出した。

まさに観ずべし、美《うま》き味はひは毒薬のごとし。

（『往生要集』源信）

これはそのようなことを言っているのであろう。

口に快い物の摂り過ぎが身体を破壊して行くように、性の氾濫や低年齢化は、特に精神を破壊して行くようである。肉体と精神が破壊されるとは、それはそのまま人間自体が破壊されることに他ならない。

精神の破壊

人間であろうが動物であろうが、性欲を持たぬ生き物はいない。これは何も自分が好んで持ったものではない。自ずから与えられているのである。それは子孫を残さんがためである。動物の場合発情するのは春と秋の年二回が普通であり、これ以外の時期に性交することはない。ところが人間という生き物は、春と秋の二回どころか、それに夏も冬も加えた一年三六五日、毎日が発情期である。しかもその欲望の満足されるところに、人間は喜びを味わい幸せを感じるのである。したがって現今のように性経験が低年齢化し氾濫《はんらん》したということは、性における幸せを味わう時期がずいぶんと早くなり、かつそれが広がったということに他ならない。聞くと、高校生での男女交際では性交が広がり、中学生でも珍しくなくなったという。なかには小学校の段階で経験する子供がいるというのであるから、私が過ごした時代とは隔世の感がある。しかしこんな早い時期にセックスの快楽を味わってしまうと、人間はいったいどうなるであろうか。いとも簡単に肉欲に耽《ふけ》ることができる条件が足下にあるのなら、苦しさを我慢してでも努力し将来の自分を築き上げようなどという気持ちは、非常に出にくいこととなろう。子供の頃に異性からもてるというのは親からもらった顔やスタイル等によってがほとんどであるが、これが大人の次元に入ると、それだけではどうにもならなくなる世界が出てくる。それが顕著であるのは、女よりも男の方であろう。

サッカーの中田英寿選手は美男子ではない。すでに現役を引退したが、プレーしている時の中田選手は格好が良かった。男の私でもそう見えたのであるから、女性の目からは、より男らしく、頼もしく、格好良く見えていたであろう。あの顔は快楽に耽り甘えてきた人間のそれではない。己を厳しく鍛えあげて来た男の顔である。二〇〇六年のワールドカップドイツ大会に向かう日本選手の乗った飛行機には、「サムライ」とアルファベットで書いてあった。中田英寿選手の顔は、私をしてまさに日本のその「侍」を髣髴《ほうふつ》とさせた。

子供の頃から性の快楽にはまり努力をあまりしなかったなら、それなりの顔にしかなるものではない。四十歳を過ぎたなら人間は己の顔に責任を持たねばならぬというが、四十歳まで待たなくても、二十五歳も過ぎたなら、人間の顔はそれまでの生活がそのまま出てくるようにこちらには見受けられる。

若い頃の努力は大切なことである。高校までどんなに優秀でも、大学へ入ってダメになる人はたくさんいる。遊びに走り、女に走り、男に走り、そして崩れて行く学生の何と多いことか。これで中学や高校で性の快楽に現《うつつ》を抜かし過ごしたとなると、努力しようとする姿勢は非常に薄れるであろう。そしてそこに出てくるのは、精神の破壊であるはずだ。

「若い頃の苦労は買ってでもしろ」とつとに言われているのに、子供の頃より嫌いな物は食べないで好きな物だけ腹いっぱい食べ、叩かれもせず、叱られもせず、おまけに中学や高校から性の快楽を堪能するような生活を続けるのなら、精神の破壊は免れ得ぬことであろう。

今「ニート」と呼ばれる若者が急増している。これは最近になりクローズアップされてきたが、定義は、仕事に就かず、通学せず、職業訓練も受けようとしない、十五歳から三十四歳までの未婚者、すなわち何かをしようという気力の無い若者、ということである。

これに最初に着目したのはイギリス政府である。何故「ニート」というのかというと、英語で説明すればわかるであろう。「Not in Education, Emploimernt, or Training」の頭文字「NEET」のことである。そのような若者がそのまま年を重ねて行くと将来犯罪者となる可能性があり、由々しき問題である。このような若者がいることを私が初めて知ったのは二十年以上前のことで、愛知県にある戸塚ヨットスクールで何人かの生徒が死んだ時のことである。あの頃同校校長の戸塚 宏氏が何冊かの本を出しているが、その中に同校に入学してくる若者たちの中にそのようなのがいると紹介していた。それによると、親がわが子であるにもかかわらず手がつけられなくなって入校を依頼してくる若者の中には、男か女かわからぬようなのがいるし、生きようという気力がほとんど伝わってこぬような、そんなとんでもないのが多くいたという。一例をあげると、ヨットで沖へ行きわざと海の中へほうり投げても、泳げないにもかかわらず、自ら浮こうとしないでぶくぶく沈んでいくというのである。その様子をヨットの上で見ていて今度は棒でさらに深みへ押し込むと、本人はがぼがぼと塩水を飲んでいるにもかかわらず、それでも浮こうという態度には出ない、ということであった。元気いっぱいであるはずの若者がそのような行動に出るのは、戸塚氏に言わせると、ヨットスクールに入校するまでは何でも周囲がしてくれたので、甘えの根性が染みわたり、「こんなことをしたって、そのうちに助けてくれるだろう」ぐらいにしか本人たちが思っていないからだそうだ。しかしヨットスクールのスタッフにそのようにされて、決して助けてくれることはないとハッキリ自覚した時に、初めてその子供たちは自ら浮こうという姿勢を示したそうである。その話を本の中で目にした時には、「世の中は広いんだから、中にはそんなのもいるんだろうな」ぐらいにしか思っていなかったが、気がつくとものすごい数になっており、二〇〇五年三月二十四日の朝日新聞によると、二〇〇二年の内閣府の推計では八十四万七千人を数えたという。その増加のスピードたるや、大変なものである。その事実を知った時に思った事は、「ここまで人間の精神破壊が進んだか」ということであった。これも豊かさの産物であろう。何をしないでもそこそこに生活ができるという環境がそのような無気力な人間を育てあげていった、ということが言えると思うのである。飽食の生活がたくさんの病気を引き出し身体を破壊しているが、精神の破壊もいつの間にか猛スピードで進んでいた、ということであろう。この傾向は衰える気配を見せてはいない。

一九九九年三月二十日、小渕恵三総理大臣のもとに「二十一世紀日本の構想懇談会」なるものが立ち上げられ、翌二〇〇〇年の一月十八日に同会より総理大臣に報告書が提出された。内容は、二十一世紀の日本はこうなるであろうという予測と、こうすべきであるという提言をまとめたものであり、その中に人口推移の予測がのっている。それによると、人口がピークに達するのが二〇〇七年で二億二八〇〇万人。それから減少に転じ、二〇五〇年頃には一億人をきり、二一〇〇年頃には今の人口の半分ほどになるという。これは一九九九年時点での予測であり、実際に人口が減り始めたのは二〇〇五年であるから、二年前倒しで始まったのである。最近の予測によると、このままのペースで行けば、一億人を切るのは二〇五〇年ではなく二〇四二年にはそうなるであろう、ということである。四十年も経たぬうちに三千万人が減り百年経てば半分になるというのであるから、怖ろしいほどの減りようである。六十年前の大戦の時ですら日本人の死者は一千万人を越えてはいない。殺し合いをするわけではないのに、何故であろうか。人口が減るのは産まれる子供の数が少ないからであるが、何故出生率が低下するかとなると、第一にあげられるのが結婚率の低下であろう。結婚せぬ理由をあげるならば、仕事が忙しい、給料が少ない、縁に恵まれないなど社会的な原因はもちろん考えられる。それらが作用していることは否定できぬ。しかし一番の原因は、互いに引きつけ合う魅力に欠けてきた、ということがあげられるであろう。世の中には男らしい男が甚だしく少なくなってきたし、女らしい女も減ってきたように思われる。逆に増えてきたのが女みたいな男であり、片や男みたいな女である。これは私の偏見であろうか？　そうかも知れぬと思い何人もの未婚の女性に結婚せぬ理由を聞いてみると、圧倒的に多かったのが、結婚はしたいのですがしたいと思わせる男の人がおりません、ということであった。

二〇〇六年五月二十八日の朝日新聞によると、一九五〇年には生涯未婚率（五十歳時点で結婚していない人の割合）が男女とも一％で、ほぼ全員が結婚していた。ところが二〇〇〇年になると男が一三％、女は六％に上がる。〇二年の国立社会保障・人口問題研究所の調査によると、一八歳から三四歳までの未婚の人の、男女とも九割近くが「いずれ結婚するつもり」と答えたという。大半の人が結婚したいと思っているということである。ところが未婚のまま過ごす人が多く、その理由を尋ねてみると、「適当な相手にめぐりあわない」と答えたのが最も多く、男では四四％、女では四九％だったという。

この結果が語っているのは、やはり男女ともにその「らしさ」が無くなってきて互いに引きつける魅力に欠けてきた、ということであるように思われる。

ニーチェは言う。

ここには、真の男がいない。それゆえここの女たちは男性化する。つまり十分に男である者だけが、女の内部にある女を――救い出すことができるのである。（『ツァラトゥストラ』）

男が男らしくなくなり女が女らしくなくなれば、結婚率が低下し人口が減少するのは当たり前のことである。男も女もその持つ「らしさ」が少なくなってきたということは、精神的破壊が進んできた、ということに他なるまい。それも猛スピードで。

「ニート」と呼ばれるような無気力な人間の、いったいどこに魅力があろう。玄田有史氏によると、一九九七年から二〇〇三年のわずかの間に就職しようという希望を失った若者が急増し、一九九七年には八万人程度であったのが二〇〇〇年になると十七万人に増え、二〇〇三年には四十万人と、たった六年で五倍にふくれあがったというのである（『ニート』玄田有史、曲沼美恵共著、幻冬社）。このぐらいの急テンポで人間破壊が進んできたのだ。

人間破壊のスピードと文明の進歩のスピードは、互いに密接な関係があるように思えてならない。今はコンピュータの時代である。地球の裏側の情報が瞬時のうちに、しかも自分の部屋の中へ入ってくる。しかしほんの百年前までは、地球上で一番早い情報伝達手段は馬であった。また馬は人間が移動するのに利用した一番速い乗り物でもあった。蒸気機関車が走り出したのは十九世紀であるが、これは軌道がなければ走ることができぬ。自動車はアメリカでフォードが大衆自動車を生産し始めたのが一九〇三年であり、その頃は特別な人が乗る乗り物でしかなかった。一般大衆が乗るようになったのは、はるか後である。

いつの時代でも技術の先端が使われるのは武器である。現在の野戦の中心は戦車であるが、これを開発したのはイギリスであり、最初に実戦に投入されたのは、第一次世界大戦のソンム会戦の最中の一九一六年九月十五日である。イギリス軍のこの見慣れぬＭＫ・Ｉ戦車の出現に、ドイツ軍はパニックに陥った。日本ではイギリスから購入した戦車をもとに八九式軽戦車が造られ、改修が重ねられて満州事変に投入されているものの、先の大戦における大陸での主力は馬だったのである。

通信手段も電話が発明されるまで、一番早かったのは馬であった。なかには伝書鳩が使われたケースがある。これは一つの説ではあるが、ワーテルローの戦いの時にロスチャイルド家が取った手段である。その戦いでもしナポレオンが勝てばイギリスの命運は風前の灯となり、その国債は暴落し紙切れ同然となってしまう。逆にイギリスが勝てば暴騰するのである。ウエリントン将軍の飛脚がイギリスに勝利の知らせを届けるよりはるかに早くその情報を得たロスチャイルド家の三男ネイサンは、ここで大博打にうって出る。情報が入るやいなや証券取引所に向かい、公債を売ったのだ。するとウエリントンが負けたという噂が瞬く間に広がり、相場は暴落に暴落を続けた。そしてワーテルロー勝利のニュースがまさに広まろうとするその時、ただ同然になった公債を買いに入り暴利をおさめたというのである。その時の情報伝達に使われたのが伝書鳩であったという説であるが、真偽の方は確かではない。確かに伝書鳩は早い。しかしそれは鳩の帰巣本能を利用したものであり、使い得ても道は決まったところだけである。自由自在に情報伝達をするのに利用できるものではない。するとやはり一番早かったのは馬であった、ということとなる。

人間が馬に乗り出したのはいつ頃からかというと、

これまで考古学者は、三〇〇〇年前つまり前一〇〇〇年頃まで、騎乗が行われた形跡はないと信じていた。しかし、デレイフカ遺跡の馬骨を検討すると、およそ六〇〇〇年前、つまり前四〇〇〇年頃には、馬の家畜化が始まっていたばかりか、騎乗されてもいたことが推察されることになる。

（『馬の世界史』木村俊二著、講談社現代新書）

ということであり、すなわち六〇〇〇年間が馬のスピードの時代だったということである。わずか百年ほど前までそうだったのであるが、それが汽車、自動車、飛行機となり、今ではロケットの時代となってしまった。人間の動くスピードが早くなったのはもちろんであるが、それ以上に通信のスピードが増した。それと同じような早さで人間破壊が進んできたようである。

私の子供の頃には、登校拒否をする子供はほとんどいなかった。その訳を尋ねてみると、親や先生が怖いのは確かにあったが、登校を拒否し家にこもってしまうと、嫌な連中と顔を合わせなくてもいいかわりに、遊びの世界まで失なうことになったからであろう。家にテレビはなかったし、一人で家にいても何もすることがないのであった。遊ぶとなると仲間を探してであり、どうしても家を出るか仲間を家に呼ぶかしかなかったのである。それがテレビが出てき子供番組が多くなると、その分だけ子供たちは家を出なくなってきた。

今はパソコンに向かっていれば多くの友達ができ、目や耳を楽しませるたくさんのものに出会うことができるのである。こんな環境が人間破壊のスピードを大幅にアップさせてきたのであろう。

ニートはもちろん問題であるが、現代は子供が子供を平気で殺す時代であり、そして三十五歳にもなる大の男が小学校一年生の女の子に色気を感じ襲うような時代である。これが人間破壊でなくては、いったい何と表現したならいいのであろう。

私が体重を落とし快楽が人間をダメにする根本原因の一つであることを自覚した頃、門信徒の人たちに言ったことである。「たとえ精神的に子供であっても身体は立派な大人である。誰でも性欲はあるものだ。まともな女性が相手にしてくれぬのなら、おそらくその矛先は力の弱い女の子に向かうであろう。片や女性は、立派な男はほとんど妻を持っているので、向かうのはおそらく不倫の道に違いない」と。性犯罪は非常に多くなってきており、女児の被害も増してきた。聞けば不倫もかなり多いようである。どこの刑務所も定員をオーバするぐらい収容者で溢れている。精神的破壊の表われであろう。この原因の主なものを問われれば、精神的に快い生活が多くなった、ということが第一にあげられねばならぬと思うのである。家でも学校でも叩かれることはなくなった。子供には叩かないでも、言って聞かせればわかるそうである。昔は悪いことをすると、理屈抜きに叩かれたものだ。ゲンコツなら普通で、箒《ほうき》の柄で叩かれ、私は悪ガキだったので、ひどい時には石炭ストーブの灰を落とすデレッキという先の曲がった鉄の棒で叩かれた。

教育とは、子供が大人になって一人で充分暮らして行けるようにする訓練である。英語や数学等を学ぶのはもちろん大切であるが、大人の世界にはさまざまな形で痛みが伴うのであるから、それに対処できるようにしておかねばならぬ。失敗すれば減給や降格があり、非難中傷を浴びるのである。このように大人の世界では罰せられるのである。体罰のように身体に直接苦痛を与えるものではないが、これらはそれよりも苦しく重く己の心にのしかかってくるのではあるまいか。昔の親は理屈抜きに人間の真実の世界を子供に教えたに違いない。叩く、叱る、罰を与える等という身体に痛みが伴うやり方で。世界が目を見張るような戦後の復興を成し遂げたのは、スパルタ教育を受けた人たちであった。その頃は男らしい男も女らしい女も、今よりは余程多かった。今はニートという無力感漂う若者が急増している。肉体的にも精神的にも親が子供に苦しみを味わわせなくなってきた、その帰結であろう。

六道輪廻

六道輪廻《ろくどうりんね》という教えを説かれたのは、二五〇〇年前のお釈迦様である、地獄道・餓鬼道・畜生道・阿修羅道・人間道・天上道の六つの道であるが、これは人間の心身の行為によって行くべき、六つの世界のことをさす。この中で地獄・餓鬼・畜生の三つの道は三悪道《さんまくどう》と言われる。そう表現されるのは、それほど人間をして苦しめる道である、ということからであろう。まず餓鬼道と畜生道を取り上げてみるが、餓鬼の世界は常に飲食を求める鬼などが住む所であり、これは子供のことを「ガキ」と呼ぶことからも察せられるであろう。

子供は常に食べたいのであり、おいしい物を与えておけばいつまでも食べている。それが子供である。子供がそのような行動に出るのは、そこに満足があり幸せがあるからに他ならない。故にたとえ大人であっても常に美食を求め続けるのであるならば、それは餓鬼の世界と何ら変わるものではない。したがって文明社会とは、食の面では、餓鬼道を成就せんとする世のことなのである。こう表現してもおかしくはない。

人間が味わう幸せのもう一つの大きな要因である性欲の満足とは、本能の世界である。食欲も本能ではあるが、性欲の方にこの表現を使った方が、より適当であるように思われる。畜生が発情すれば常に性欲を満足させんとするのであり、時や所をかまうものではない。人間は人目を気にするので畜生ほど時所を選ばぬ生き物ではないが、時には畜生以上のことをこの世界ではしてしまう。故に性欲を満足させんとする世界は、畜生の道といっていいはずである。したがって男女における性の交渉が日常化し、しかも低年齢化したということは、以前に比べてはるかに人間が畜生化したということに他ならない。そしてこれはさらに促進されつつある。故に文明社会とは、人間をしてより畜生に近づけしめんとする社会でもあるのである。

お釈迦様が説かれた六道の中の餓鬼道・畜生道というのは、右のような世界と理解していいであろう。しかもその餓鬼道・畜生道を満足する所には、大きな快楽が伴うのである。

『正法念処経』第二十二に、

諸楽集まるが故に、之を名づけて天と為す

といい、また『大毘婆沙論』第百七十二には

復次ぎに戯楽の故に天と名づく、恒に遊戯して勝楽を受くるを以ての故なり

と説くところからして、餓鬼道と畜生道にて味わう快楽の世界こそが、六道の中の一つ、天上道の世界であろう。

さて、餓鬼道と畜生道の世界に浸り続けてきた子供が（子供だけに限定するわけではない。特に若者の精神破壊が現今顕著に見られるので、ここでは代表させた）、そのままの環境で成長し青年になったとしよう。精神の破壊は、かなりの程度まで進んでいるであろうと思われる。しかし二十五歳ぐらいまでならば、たとえちゃらんぽらんな男でも、親からもらった顔やスタイルが良ければついて来る女の子もいるはずだ。ところが年齢が進むと、そう簡単には行きにくくなる。三十歳も越えれば尚更のことだ。努力もせず緊張感もない男には、まず顔のしまりが出てくるものではないし、男らしさなどまず無理であろう。そんな男に、どうして女性が魅力を感じるであろうか。

努力してはじめて人間は生きる上での自信を持てるようにもなるし、自信を持ってプロポーズもできるのである。自信が過剰であってはならぬが、己に対し自信を持つことは大切なことである。それがなければ、女性に対してだけではなく、何をしたって迫力に欠けることとなるであろう。なかには母性本能をくすぐるという男もいるが、男の魅力は、基本的には男らしさである。女の魅力が女らしさであるのと変わるものではない。

子供の頃から天上の快楽を味わってきたばかりに、精神的に壊れ男も女も潜在的に持つその「らしさ」が出てこなくなれば、いつまでもつれあいを持つことができぬかもしれぬ。そうなればそこに味わうのは、性的欲求不満である。発情期に入った動物の姿を見ればわかるであろう。荒れるのである。人間にしても変わるものではない。しかも始末が悪いことに、人間は毎日が発情期である。性欲を満足させようとして犯罪に走れば、そこに待つのは手錠の世界であり、地獄の苦しみである。犯罪を犯さなくとも一生涯一人で暮らすというだけで、まことに寂しいはなしではないか。子供の頃が満足であればあるほど、それは地獄に近いであろう。子供の頃から天上道を歩いていれば、先に待つのは地獄道である可能性が高くなる。これは相手が見つからなかった場合であるが、つぎに結婚した人の場合を考えてみよう。

最近の結婚は非常に早いか非常に遅いかの、そのどちらかのケースが次第に多くなってきた。現在では結婚適齢期はないというが、産婦人科医に聞くと、妊娠適齢期はあるという。できることなら二十代のうちに妊娠し出産することを産婦人科医は勧めている。自然な状態では三十五歳を過ぎると、女性の妊娠・出産は困難になるという。そのように女性の身体はつくられているということであるから、女性の場合二十代が結婚適齢期である、と言っていいのではなかろうか。妊娠適齢期は二十代であるが結婚適齢期は決まっていないと考えるのは、どうもおかしなことである。少し前までは二十代の結婚が一番多かったが、今では両極端がその数を増してきたし、若くして結婚する人の中には、ずいぶんと「できちゃった婚」が多くなってきた。二〇〇六年五月二八日の朝日新聞によると、二〇〇〇年に誕生した第一子のうち、二六%がこの「できちゃった婚」で生まれたという。十代後半では、八割にも及ぶそうである。「できちゃった」のであるから、子供を持つことが目的ではなかったのだ。行為そのものが目的だったのである。この少子化の時代であるから「できちゃった婚」であろうが何であろうが生まれさえすればいい、という考え方がある。しかし、はたしてそれでいいのであろうか。十代後半や二十代前半は、今の時代では身体は大人でも、精神はまだまだ子供であるという人が多い。子供が子供を持って、はたして満足な子育てができるであろうか、という疑問がまず湧いてくる。子供を育てるのに決まった道はない。物を造るのとは訳が違うのである。野菜や花でも一つ一つ違うごとく、同じお腹の中から誕生してきても、一人一人はまったく違っている。その子供を見きわめていかに手を添えて行くかが親のせねばならぬ事であるが、それにはどうしても親の人生経験がものを言う。精神的子供が子供を持ったとて、どれほどうまく育て上げることができるであろうか。しかも赤子ができれば、性欲を押さえねばならぬことがたくさん出てくるのである。しっかりした大人になっていれば子育てを中心にする故、場を弁《わきま》えて我慢もするであろう。しかし、大人としての充分な考えもなく性の快楽のみで突っ走った精神的子供には、かなり厳しいことであるはずだ。これは特に男の場合である。妊娠すると女性の生理は一時止まるが、男は継続しているからである。性的不満がたまれば、夫婦仲はうまくいかなくなりやすい。

夫婦に不満がたまってくると、それが子供に向かうケースも多くなるであろう。二〇〇六年七月のNHKニュースによると、親による子供の虐待が十年前の十三倍に達したということである。ここにもその一端が表われているように思われる。夫婦の不和が増大すると、ますます肌の触れあいが少なくなり、この関係が相乗効果を生む可能性は充分にある。聞けば、恋愛で結婚をし子供ができたものの、一緒に食事をしていても口もきかず床を共にすることのない若い夫婦の、いかに多いことか。平成十八年六月九日の朝日新聞に産婦人科医の堀口雅子氏が、セックスレス夫婦が非常に多くなったことを指摘し、コンドームメーカーの調査によると日本人の年間のセックス回数は世界平均の半分以下で、最下位を独走し続けていることを報告している。

二〇〇六年八月二十二日の朝日新聞に、食事の風景を描いた子供の絵が四枚掲載された。そのうち一枚は楽しそうに食事しているのが見て取れるが、あとの三枚には人に顔が描かれておらず、人物はマークである。テレビばかりが大きく描かれ、三枚の一枚には、家族に顔だけではなく手も描かれていない。

絵を分析した臨床心理士の室田洋子聖徳大教授（発達臨床心理学）は、「一緒に食べる人はいても、食事で会話や笑顔が少ない家庭の子供の絵に人マークが出てくる」と話している。この四枚の絵と同面に載せられた表が次である。調査地域と人数が違うので単純には比較できぬが、人物のマーク化がここ十年間で二倍に増えたということは、会話の少ない家庭が非常に増加したことを示していると見ていいであろう。

独身時代でも一度肌を交えると、相手に対し自然により親近感を抱くだけではなく思いやりも湧いてきやすいように、夫婦においても性の交わりにはそういう働きが伴う。表現を変えるならば、セックスは潤滑油のようなものなのである。機械に潤滑油がなくなればギーギーと音を立てて動きにくくなるように、夫婦においても性交という潤滑油がなくなれば、同じようになりやすい。声は

	1995年	2002年	2003年	2005年
コミュニケーション充実型（人物に表情がある）	47%	39%	38%	20%
人間関係貧困型（人物がマーク）	20%	22%	29%	40%
意欲希薄型（人物に手が描かれていない）	14%	6%	4%	4%
強制感型（人物がいない）	6%	10%	15%	6%
調査地域・人数	全国 約880	全国 約1500	埼玉 約650	東京 約310

子どもの絵のタイプ別割合　『朝日新聞』（2006年８月22日）より転載

荒立ちかつ大きくなり、喧嘩が絶えぬという世界も出てきやすいであろう。喧嘩の世界をお釈迦様は阿修羅道と名づけられた。初めにかかげた六道の一つである。戦いの世界に苦しみはつきものである。ここに阿修羅道は、そのまま地獄道となるのである。

家庭の中で阿修羅が続けば、その果ては離婚である。「できちゃった婚」で天上の喜びを味わった二人の辿り着く先がここであるならば、性欲を充分に持ちながらも、それが満たされぬ世界へ入って行くこととなるのである。ここにも地獄が待っている。今の世には「できちゃった婚」も多いが、同時に離婚も多い。何も右のようになるとは決まってはおらぬ。考えられる一つの典型を示しただけのことである。子供の頃から餓鬼道や畜生道において天上の世界に耽《ふけ》り、快楽の波間に己を漂わせて懸命に努力することを怠り我慢する力を養わぬのであるならば、先に待つのは阿修羅道であり地獄道である可能性が高くなるということである。快楽主義の先には、それを失う世界が待っていることを忘れてはならぬ。地獄の苦しみの原点は餓鬼と畜生の世界であり、であるからこそ、この三つの道が三《さん》悪道《まくどう》と言われるのであろう。

犬を飼いならして人間の真似をさせようと思っても、人間の言葉を話せるようにはならぬし、箸を使って食事をすることもできぬ。心や行動は、いつまで経っても犬は犬のままである。動物はすべてそうである。ところが人間は違う。人間の姿は変わらぬものの、心と行動は餓鬼となり畜生となり、そこに天上や阿修羅や地獄の世界を味わうのである。

赤子の頃にオオカミにさらわれ、そのオオカミによって育てられた二人の少女アマラとカマラのはなしは、よく知られたことである。二人が発見された時には、オオカミのように四つん這いで走っていた。動物の死肉を食べ、オオカミと同じように遠吠えを発したのである。人間の里へつれて来られ人間となるように育てられたが、後には二本足で立てるようにはなったものの、とうとう人間に戻ることはできなかった。人間はオオカミに育てられれば、心も行動もオオカミのようになってしまうのである。したがって子供の頃より餓鬼や畜生のように育てられれば、自ずからそうなってしまう可能性が高い。

人間は誰でも餓鬼や畜生の心を持っている。腹が減れば餓鬼の心が出て来、美女や美男子を見れば、その人と性欲を満足させたいという畜生の心が湧き出てくるのである。しかし常にそんな心であるわけではない。人間の心をも取り戻すのである。餓鬼や畜生の世界に入っていても、今己はその中にいると自覚できるのは人間だけである。これは動物には決してできることではない。己を振り返ることができるのは、人間だけなのである。振り返ることができるからこそ、したいことを止めることもできる。美食を摂り美女と戯れていても、はたしてこれでいいのだろうかと考えられるのは人間だけである故、この世界に帰る時人は人間の道を歩むこととなる。お釈迦様の説かれた人間道とは、こんな世界のことであろう。

たとえ味わうのが地獄の苦しみであろうが餓鬼や畜生の生活のままでいいというのなら、人の勝手であるからそれはそれでいいであろう。しかし、地獄でいいと思う人はいないはずである。ならばまずわれわれは人間に戻らねばならぬ。それは己を振り返る道であり、己を知る道である。外へ向いている眼を己の内に向けるのである。故にこの道を内道《ないどう》という。己を振り返ったからといって、すぐ道が開けるとは限っていない。人間に帰れば帰ったで、そこには人間にしか味わえぬ苦しみが伴うものである。人間以外はほとんどせぬ自殺の道を年間三万人以上が歩むということからも、それは理解できるであろう。人間道の中にも地獄道があるのである。故に、餓鬼・畜生・阿修羅・人間・天上のすべての道が地獄につながる故、六道はすべて迷いの道でしかない。その六道の迷いを越える道を説かれたのがお釈迦様であるが、それがいかなる道であるかを述べる前に、人間が人間であるからこそいだいている根本問題が、どのようにして表面化しまた覆われていくのかを、次の章では検討していくこととする。

矛盾の顕現と隠蔽

一人の人間として

昔の子供は親からよく叩かれたものである。私もご多分に漏れずで、たまに一週間ほど続けて叩かれぬことがあると、「この頃はずいぶんと平和だなあ」と実感したほど、叩かれない日のあることの方がどちらかというと少ないくらいであった。私の場合は父親よりも母親に叩かれることが多く、げんこつをくらうのが普通であったが、ひどくなると、線香で手の甲を焼かれるのである。悪いことばかりしていたからではあるが、「こんなに叩かれるくらいなら人間をやめてしまったほうがましだ」と子供ながらに思ったことは、一度や二度のことではなかった。程度や中身はどうであれ、自らの死を考えたことは、記憶するところ、誕生以来その時が初めてであったと言っていい。しかしそれは小学生時分のことである。中学生になると体が大きくなってきたので母親に体力の面で負けることはなくなり、おかげで叩かれることはなくなった。したがって死を考えることもなくなったのである。私の中学生時代は順風満帆と言ってよかった。成績は上位の方であったから、周囲からは良く見られることが多かったのである。高校時代は中学ほどの良い成績ではなかったがまあまあ上位の方で、その上好きな女の子ができたので、その娘に会う楽しみもあり、三年間楽しく学校へ通うこととなった。

中学生高校生には目の前に受験が控えているが、その大きな目標達成のためには、人間は必死になるものである。血走るような目をした生徒も出てくるし、おしなべて受験という大きな目的を持つと、多くの生徒は生き生きした姿をみせるものである。受験とは戦争と表現するほどにすさまじい戦いであるが、苦しくはあるものの大きな目標がそこにはあるのであるから、生気が漲《みなぎ》るのは当然のことである。しかしそういう若者が大学へ入ると、いったいどうなるであろう。早くからやりたいことがハッキリしているのなら迷わずその道に進むが、多くの学生はそうではない。具体的な目的が無いまま、大学へ入ることそのものが目的であるという学生が多いのである。したがって目的を達成するまでは必死に努力する故身体全体に活気が溢れているが、入学してしまうと目的を失い、腑抜《ふぬ》けのようになってしまう学生が少なくはない。私も入学してそうなるところであったが、たまたまクラシックギターという小さな楽器に魅せられてその道に熱中したことにより、勉強しないダメ学生ではあったものの、精力的に活動する毎日をおくることとなった。

人間にとって目的を持つということは大切なことである。その目的が仕事であろうが、学問であろうが、趣味であろうが、家族であろうが、恋人であろうが、目的を持つ者には生き甲斐があるのである。愛する人ができた時の心持ちは、経験したことのある者なら誰でもわかるであろう。同じように、没頭できる道を持った者の充実した心境もわかっていただけるはずである。明るい毎日であった。行く手には輝く世界が見えていた。しかしそんな生活の中に、己の心を暗くする問題の出てくることがたまにあった。それは己自身を振り返る時である。生きることの意味、死の帰する世界を考える時がその時であった。

己の心が暗くなるのは、表現を変えるならば、解決できぬ矛盾をそこにいだいたからに他ならない。その心の奥底に潜む生と死に関する矛盾が頭をもたげるのは、己が自分自身を取り戻す時であった。どんなに楽しく充実した時間をおくっていても、自分自身に帰る時、眠っていたその矛盾は目を覚まし、心の中に大きく陣をかまえるのである。己に帰る時間が多ければ多いほど、また深ければ深いほど、その存在はさらに大きくかつ強固なものとなった。それはそのまま心の苦しみの増大へとつながったのである。どんなに楽しい時でも、この暗さが心の中に頭をもたげる時は、楽しさに酔いしれることはできなかった。

しかしその暗さを解消するものは、やはり楽しさであり、生活の充実感だったのである。

人が楽しさを味わうその多くは、己の欲が満たされる時である。欲とは人間の内にあるものであるが、欲に流されている時には、人は己を振り返る眼を持ちにくい。すなわち関心は、欲望の対象である外に向いているのである。それは充実感を味わう時も変わりはなかった。我を忘れ、何ものかに精神が没頭し集中している時であったのである。楽しさも充実感もそれが実感できたのは、己《おの》が心の眼が内に向かず、己《おのれ》以外の何ものかに向いているその時であった。

これはその当時の己の心の姿であったが、人間のそのような心理というものは、私一人のものではなく多くの人間にそのままあてはまるものであることを、後に知ることとなった。

年頃になると相手を見つけ結婚するのは自然な姿である。一組のペアが誕生しようとする時、二人が互いを思う気持ちは強いものだ。恋愛結婚では尚更のことである。しかし子供ができると、女性は妻であるより、母親としての意識が強くなってくる。それはそうであってしかるべきであるが、関心が夫から子供の方へ移ってしまう人が少なくない。そんな中に家庭生活をおくっていると、たまに夫婦喧嘩をすることもでてくる。夫婦喧嘩とは、夫婦の間における矛盾の発生である。互いの足元に目が向く故にこの矛盾は発生する。夫婦の間に矛盾が発生するとそこに距離ができるわけであるが、たとえ少々の隔たりができても、子供は「鎹《かすがい》」と呼ばれるように、ありがたいもので、距離の開いた夫婦を近づける力を持つ。たとえ激しく罵《のの》りあっていてもその時に子供が熱を出せば、子供可愛いが故に、夫婦は喧嘩を止めてでも病院へ連れて行くものである。それがきっかけで喧嘩が止まったり小康状態になったりするが、そうなったからといって二人の間の矛盾が解決したわけではない。二人の関心が互いの足元という内に向く方向から子供という共通の外の存在に向いたが故に、矛盾の顕現が一時的に押さえられただけのことである。子供が「鎹」であるうちは矛盾の顕現が一時的に押さえられていても、子供はいつまでも「鎹」であるわけではない。八十歳の親にとって五十歳の子供が、はたして「鎹」となりうるであろうか。数ある中にはそんな例もあろうが、ほとんどはそうではあるまい。子供が「鎹」であれるのは、まだ小さな時分である。したがって幼稚園児ぐらいまでは、子供は充分に「鎹」であり得る。

子供を見ていると、小学四年生ぐらいを境にして大きく意識が変わってくるのがわかる。その頃から少々大人になってくるのであるが、親の手がかなりいらなくなる頃でもある。

こういう時期に夫婦の間に矛盾が顕在化してくると、「鎹」の力がかなり弱まっている故、互いの隔たりはかなりの程度大きくなる危険性が出てくる。家庭内別居とはなりやすいし、はては離婚である。男女平等とはいうものの、離婚した場合、子供は多くの場合母親の方へ行く。こうなると母親には、離婚というつらい経験ではあるが、まだ子供という生き甲斐が残ることとなる。

大東亜戦争で夫を亡くしその後間もなくして幼い子供を病気で失った経験のある老女が、その時を振り返って涙ながらに私に言ったことである。

「主人が死んだ時には悲しくはありましたが、戦争なのですからそんな経験は私だけではなかったし、その時には、まだ子供がいるからいいか、ぐらいに思っていました。しかし子供に先立たれた時には、手足をもぎ取られるような気がしました」と。

これは夫と子供に先立たれた場合であるが、この老女は夫に先立たれても子供という生き甲斐があったので、悲しくはあったが、それほどではなかったというのである。女手一つで仕事をし子育てをするというのは大変なことではあるが、生き甲斐がそこにある場合、その苦しさの中にも生きる喜びを味わうものである。ところがその生き甲斐の子供を失った時はどうであったかというと、「手足をもぎ取られるような気がした」というのである。

子供が大学へ行くようになると非常に金がかかる。親にとっては大変な負担である。しかし、家計はまことに苦しくはあるが、金をつかう相手がいるということは喜ばしいことである。

ある時子供を持たぬ人と話をしていると、寂しそうに、また子を持つ私を羨《うらや》ましげに、その人は言ったことである。

「どんなに金を持っていても、旅行をしたってたかだか知れているし、そのうちに飽きてしまう。食べる飲むといっても限りはあるし、そんなことより、金を持っていてもそれをつかう相手がいないというのは、まことに寂しいことですよ」と。

その気持ちは、想像してみるとある程度わかるような気がする。離婚して子供を取られ独りぼっちになった方はいかがであろうか。すぐ次の相手ができればいいが、世の中はそう簡単に思い通りに行くものではない。相手がなかなか見つからなかったり、再婚してもうまくいかぬことが多いと、こんな疑問が自然に湧き出てくるであろう。

「何のために自分は今まで生きてきたのだろうか？　この先このまま生きていって、いったい何の意味があるだろうか？」と。

離婚まで行かなくとも、家庭内で夫婦の罵りあいが続き、果ては会話がなくなり笑顔もなくなってそれまでいだいていた価値観が崩れ去って行く時も、この問題が前面に出てくるであろう。それまでにもこの問いが出てくることが何度かあっても、恋愛だ、遊びだ、仕事だ、子育てだと、関心が己の外に向いている時にはその問いが一時的に覆われて頭を出さなかったが、ここに至り、解決されていなかった問題が大問題となって己に覆いかぶさってくるのである。

人生に失敗し失望した人間が自らの死を考えるのは、何ら不思議なことではない。昨今中年の自殺者が多いのは、そういうことであろう。またそのような人が周囲の幸せそうな人を見て羨ましく思うのも、わかるような気がする。自分が受験に失敗した時に隣で合格した人が喜んでいる姿を見る時の、なんと腹立たしいことであろうか。


宅間守が大阪の池田小学校へ侵入して児童八人を刺殺し教師を含む十五人に重軽傷を負わせたのは、二〇〇一年の六月であった。二〇〇三年九月に死刑が確定し、翌二〇〇四年の九月に刑が執行された。近年の死刑執行は刑が確定してから十年以上経過して行われるのが普通であるそうだが、異例の早さで執り行われた。しかしそのぐらい異例の早さであるにもかかわらず、宅間守は主任弁護士に手紙を送り、刑事訴訟法四七五条で規定された「六ケ月以内」の執行を訴えていた。死刑が六ケ月以内に執行されないので「精神的に苦痛を受けた」として、国家賠償請求訴訟を起こす準備をすらしていたというのである。彼は死にたかったのだ。生きておりたくなかったのである。自ら死ねればよかったが、それができなかったからこそ他人に殺される道を望んだに違いない。そこで、これならば確実に死刑になれるという道を選んだはずだ。それがあの事件の実行であったであろう。

しかもそこには、幸せな者への強い妬《ねた》みと憤《いきどお》りがあったはずだ。聞けば彼も結婚生活と仕事に失敗している。そして事件を起こしたのが三十七歳の時であり、その年齢は、子供が夫婦にとって

「鎹《かすがい》」ではなくなってくるその時期に近い。彼も幸せな生活を望んだはずだ。しかし破綻の中で出てきたのは、やはり「生と死」の大問題であったに違いない。

この矛盾が大きく立ちはだかり、どうしようもなくなってあの犯罪に至った気がしてならぬ。

今からおよそ十五年ほど前のことであろうか。NHKテレビで、たまたま「老人と青年僧侶の対話」という番組を見た。登場した老人は、六十代前半の若い人から上は八十代を過ぎたまさに老人という人までさまざまであったが、老人たちが青年僧侶の所へかかえている問題の相談にくるのである。それぞれ人間に生まれてきた、その意味を知りたがっているように思われた。それまで長い間働いてきて定年を迎え遠くないうちに死が己を待ち受ける年齢となって、人生の総決算をしたいのであろう。場所は東京方面であり、わざわざ訪ねて来るのであるから、本人たちは真剣そのものである。その中に一人、私の注意を強く引く老人がいた。その方は老人といっても、見たところ六十代半ばあたりである。ところがその時すでにボケ症状が出ていた。何故そんな若さでそうなったのかを、一緒に最後まで生活していた奥さんの口から聞いてみると、こんなことであった。その方は現役の時は、単身で南米へ売り込みに行ったこともあるモーレツ社員であったそうだ。六十歳となり定年を迎えて、最初はやれやれであったそうだが、しばらくすると不安になってきたという。気がつくと、自分には行く所がなくなっていたのである。働いていた時は会社一辺倒で、近所とのつきあいはすべて奥さん任せで自分はタッチしていなかったので、周囲には話す相手がおらず、する仕事もなく、したがってどこへも行く場所がなくなっていたのであった。己を振り返ると、すでに自分は死を意識せねばならぬ年齢となっており、いったい何のために自分は人間としてそれまで生きてきたのか、さっぱりわからなくなってしまったという。その意味を知ろうと思いそれまでまったく関心がなかった哲学書や宗教書を遅ればせながら読んではみるものの、ほとんどその内容がわからずである。そのうちにボケ症状が出て来、さらに進んでいったということであった。それから間もなくして、その方はこの世を去って行った。もといた会社からは、弔電の一本さえ届かなかったそうである。

世の中には仕事が生き甲斐であるという人はたくさんいる。立派な仕事をすれば会社の中ではその存在を認められるし、人間は誰でも己を認めてほしいという願望を持っているのであるから、居場所があるということはありがたいことである。しかし会社の中では居場所があっても、家庭の中ではどうであろうか。夫婦の間に隔たりができ家の中で孤立しているお父さんが、聞くところけっこう多いのである。

家庭は「平安」の場所であり、すべての危害からだけでなく、すべての恐怖・疑懼《ぎく》・分裂からの、避難所です。
（『ごまとゆり』ラスキン）

と述べるように家庭とは安心できる場所であるはずなのが、そうではなくなっている家が少なからずあることを耳にする。家庭に居場所がないならば、自ずと会社にいる時間が多くなろう。そうなれば会社は安心できるわが家である。

日本の古い「イエ」は崩壊したかのごとく見えたが、日本人は知らず知らずのうちに「代理イエ」を作った。その典型が「カイシャ（会社）」である。ほかにも多くの「代理イエ」が発生し、それに所属することで満足し、忠勤を励み、その永続性を信じて安心するパターンが広く認められてきた。

（「二十一世紀日本の構想懇談会」の報告、二〇〇〇年一月十八日、小渕恵三総理大臣に提出される）

家が安心できる場所でなくなり、会社にいる時間が長く、しかもそこに落ち着ける場所を持っている人の多くは思っていないだろうか。

「自分は家族のために一生懸命働いているんだ」と。

しかし本当に家族のためだろうか？　自分のためではないのか？　仕事が面白いから、あるいは会社の人たちが自分の存在を認めてくれるから、ではないのか？

漢字とはよくできたもので、「人《ひと》」と「為《ため》」を合体させて「偽《いつわり》」とする。

ある会社で夜遅くまで毎日仕事をしている優秀な営業マンと、ある時家庭や仕事のことを話し合っていると、彼は寂しそうにポツリとつぶやいた。

「自分は家族のためと思って働いているのですけど、このまま行けば熟年離婚になるかもしれません」と。

そこで私は言った。

「あなたは家族のためと言うが、自分が仕事をしたいからしているのではないのか？　結果的には金を家庭に入れるのだから家族のためにはなっておろう。しかしそれは結果であって、目的ではないのではないか？」と。

「そうかもしれません」

とは彼の答えであった。

熟年期を迎えて離婚という羽目になっても思うであろう。

「自分は何のためにここまで生きてこねばならなかったのか？　人間が生きるとは、いったいどういうことなのか？」と。

心が己自身に向いた時「生と死」に関する矛盾は、このような疑問となって再び湧き出てくるのである。しかもこの問いが起こってくる時、心は暗い闇に覆われねばならぬ。しかしそのような己の姿を想像すると暗い心になる人は、再び会社へ心を向け仕事に没頭しようとするのである。

文明の進歩とはありがたいものである。しかし人間が何を目的とし何に主に関心を示す生き物であるかを省みずして、進歩の産物のみを受け入れ豊かさを享受するのであるならば、人間にとって非常に危険な面が出てくるおそれのあることを忘れてはならぬ。
生と死の問題で苦しむ男が目の前に絶世の美女をあてがわれれば、かかえていた大問題はさておいて欲望の波間に漂うであろう。漂う時間が長ければ長いほど、問題解決の道は遠くなる。

まことに愛著の道、その根深く、源遠し。六塵の楽欲多しといへども、みな厭離しつべし。その中に、ただ、かの惑ひ（女性への迷い）のひとつ止めがたきのみぞ、老いたるも、若きも、智あるも、愚かなるも、変る所なしと見ゆる。

（『徒然草』第九段）

と兼好法師も述べておられる通り男にとって女とは心を強く魅きつける存在であるが、世の中には他にも欲望の対象となるものはたくさんあり、それらを次から次へと与え続けるのが文明社会というものである。人間とはどうしても欲の満足する方向に走る存在であるから、文明が進歩すればするほど生と死の矛盾を解決しようという心が遠くなるのは、仕方のないことであろう。町の本屋へ行けば、現今の人間の関心がどこにあるかをよく教わるはずである。週刊・月刊雑誌の何と多いことか。漫画の単行本の数もかなりのものである。他には旅行や趣味・パソコン関係とサスペンスもの、小・中・高の参考書・問題集といったところで、人間の生と死にまつわる問題を真正面から取り上げた純文学や哲学・高等宗教といった類は、ほとんど置いてはいない。
佐世保市の大久保小学校で六年生の御手洗怜美さんが同級生に、しかも全校生徒がいる学校の中で殺され、その前年には四歳の種元駿ちゃんが中学一年生に殺された時、世の多くの大人たちは、「子供たちに命の尊さを教えねば」と言ったのである。しかしその時でさえ町の本屋には、生と死にまつわる人間の根本問題をまともに取り上げた昔の偉人の書物を、特別に置くことはなかった。しかも事件のことは間もなく忘れ、命の尊さを問題にしたのは昔のことであったかのようになってしまい、今では毎日のようにテレビで流されるサスペンスに心を奪われ、殺しのゲームを楽しんでいるのである。欲望の世界に流され命の尊さを自覚していないのは、大人たち自身であろう。大人が生と死の根本問題に心を向けぬのに、どうして子供が関心を示すであろう。

酒は好きな人にはおいしいものであるし、辛いことがあると、一時的にそれを忘れさせてくれる力を持つ。昔は大人の楽しみといったら酒くらいしかなかったが、文明が進歩したおかげで、酒にかわるものがたくさん出てきた。子供たちにしても学校や家庭で面白くないことがあったとて、パソコンへ向かうと多くの友人ができ、しかも楽しいゲームができるのである。故に生と死にまつわる矛盾を解決しようという心は、ますますうすくなって行かざるをえない。根本問題がなおざりにされたまま人間が形成されて行くのである。

一九七四年三月九日、フィリピンのルバング島で旧日本兵の小野田寛郎元少尉が、上官であった谷口義美元少佐の命令でようやく己の戦争生活に別れを告げ、世間に姿を出すこととなった。間もなく五十二歳を迎えんとする時である。三十年間ジャングルの中で戦い続け、最後は無二の戦友の小塚金七一等兵を失い、その後もたった一人で戦い続けたのである。六十歳の誕生日には持っていたすべての弾薬を使い、総攻撃をかけて死ぬつもりであったという。日本に帰って来た小野田氏は三十年間の空白にかなり戸惑ったようであるが、生活に慣れてきた頃出版社の依頼により、己の心をまとめあげる機会を得た。その中で氏は述べる。

私は戦場での三十年、「生きる」意味を真剣に考えた。戦前、人々は「命を惜しむな」と教えられ、死を覚悟して生きた。戦後、日本人は「命を惜しまなければいけない」時代になった。何かを〝命がけ〟でやることを否定してしまった。覚悟をしないで生きられる時代は、いい時代である。だが、死を意識しないことで、日本人は「生きる」ことをおろそかにしてしまってはいないだろうか。(『たった一人の三十年戦争』東京新聞出版局)

旧日本軍少尉　小野田寛郎

写真提供：共同通信社

「生」の裏には必ず「死」がある。「死」を抜きにして「生」を考えたとて、そこに開けるのは、大きな矛盾を内に含んだ「生」である他はない。

仏教はお釈迦様によって説かれたが、お釈迦様はもともとは一国の王子であり、僧の世界とは関係がない。国はあまり大きくはないが、後にその国の王となる予定のお方であった。財物には事欠かず妻と子を持つ王子が何故国を捨て、財を捨て、妻子を捨ててまで出家せねばならなかったかというと、それも生と死にまつわる問題が己の行く手に大きく立ちはだかったからに他ならない。お釈迦様の出家の動機を示すのに、四門出遊という有名なはなしがある。


時に於いて、菩薩（太子）は出遊の観を欲して、御者に告勅す、「宝車を厳駕し、彼の園林に詣りて、巡行し遊観せん」。

御者は即便ち駕を厳にしおわり、還りて白うす。「今、正に是の時なり」。

太子は即ち宝車に乗じ、彼の園に詣りて観るに、其の中路に於いて、一人の老人を見る。頭は白く、歯は落ち、面は皺み、身はかがみて、杖をささえ、羸歩《るいほ》、喘息にして行く。

太子は顧みて侍者に問う、「此れは何人為るや」。答えて曰く、「此れは是れ老人なり」。又た問う、「如何んが老と為すや」。答えて曰わく、「夫れ老とは、生の寿が尽に向かい、余命は幾ばくも無し。故に之れを老と謂う」。

太子は又た問う。「吾れも亦た当に爾るべく、此の患を免れざるや。」答えて曰わく、「然り。

生まるるは必ず老有り。豪も賤も有る無し」。是こに於いて、太子は悵然《ちょうねん》として悦ばず。即ち侍者に告げて、駕を廻して宮に還る。静黙に思惟して念ず、「此の老苦は吾れも亦当に有るべし」。

（『長阿含経』）


頭は白く、歯は無くなり、顔は皺だらけで腰は曲がり、杖を支えにして苦しそうに息をしながらよろよろと歩いている老人を見て、従者に尋ねる。

「あれは何人か」と。

従者は答える。

「あれは老人といって、生まれて来た以上誰でもああならざるをえぬのです」


老人の姿を見て己の行く末をそこに見た太子は、深く考え込むのであった。その姿を見て心配であったのは父王である。以前占師に占ってもらったところ、王子は国を継がず、出家するというのであるから。そこでさまざまな快楽を王子に与え、出家を止めようとするのである。

初めに見たのは老人であったが、後に見たのは病人であり、死人であった。病気に罹り弱りはてて様子がまったく変わった人を見て驚くのであり、葬送の列を見ては心を深く痛めるのである。この時も父王は、王子に快楽を与え出家することを止めようとした。

最後に王子が見たのは沙門であった。沙門との問答により、ここにすべての財産・妻子・地位・

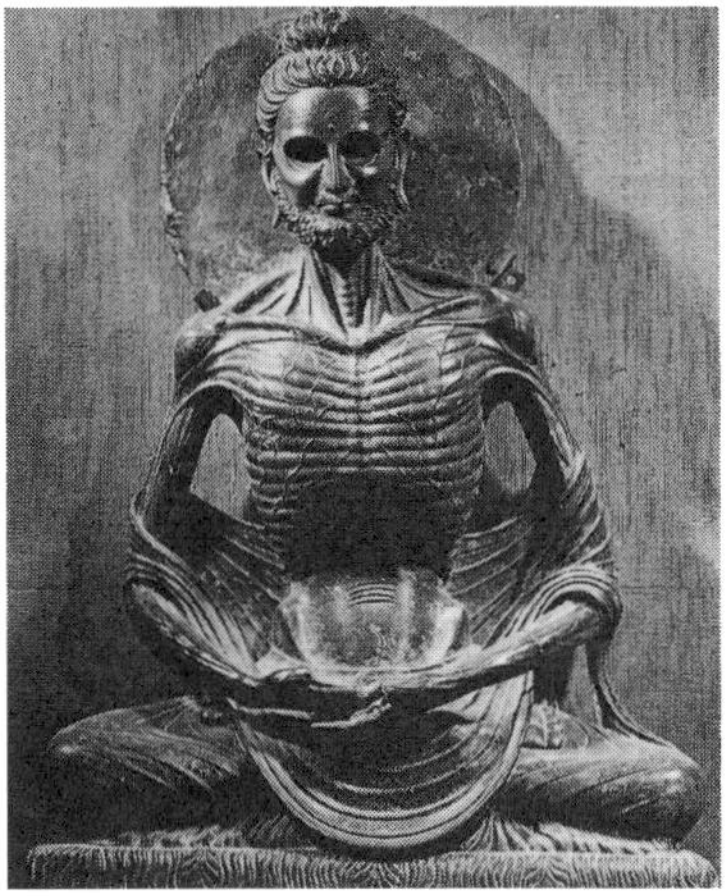

苦行するブッダ
（ガンダーラ出土、２～３世紀）

名誉等を投げ捨て、一介の沙門に身を落とす覚悟が決定《けつじょう》するのである。

この通りに実際にあったかどうかは定かではないが、すべてに恵まれた生活をしていた王子が老・病・死に接した時に、持つすべてが意味を失う世界を身をもって学んだが故に出家を覚悟したことを、おそらく象徴的に説かんとしたものであろう。かの偉大なお釈迦様の出家も、生と死にまつわる根本的矛盾に原因があったのである。

己の心が内を向けば奥底に潜む根本矛盾が表面化し、外に向けば顕わとならず覆われて行くという姿は、ただ個人だけに見られる現象ではない。

法律用語ではわれわれ人間を「自然人《しぜんじん》」と表現し、「法人《ほうじん》」と分けている。法人には学校法人や宗教法人などさまざまであるが、団体が人格を持つ「人」として扱われているのである。

個人が意志を持つように、団体も意志を持つ。その団体が内部に矛盾を抱えている時、個人の場合と同じように、内を向けばその矛盾が表面化し、外を向けば覆われて行くという現象が出てくる。国民の集団心理をよく理解した指導者が、国家を統一せんがために、それを上手に利用しようとした事が数多くあるのである。これは過去においてだけではない。現代においてもそのままあてはまることである。政情の不安定な国家が起こるやも知れぬ国内の混乱を事前に回避しようとして、国民の目を外へ向けようとするのである。そこには個人の場合と同じように、国内の矛盾が解決されぬまま一時的に覆われて行く世界が現われる。団体の大きな単位となると国家や民族等であるが、そのレベルでいかにして矛盾が顕現し隠蔽されるかの一例を、つぎに見て行くこととしよう。

不安定の弧

日中戦争が始まったのは一九三一年（昭和六年）九月十八日のことで、柳条溝での鉄道爆破に端を発した。それにより満州事変が始まったのである。日本軍はたちまち東三省を占領し、清朝のラストエンペラー溥儀《ふぎ》を擁立して「満州帝国」という傀儡《かいらい》国家をつくりあげた。中国を占領しようという意志の表われである。

当時中国では北方軍閥の力は弱まっており、国内の混乱は共産党と国民党との戦いによって引き起こされていた。両者の考えの違いにより、外から日本が攻めて来ているにもかかわらず、統一するどころか、かえって対立を激しくしていた。国民党の蒋介石《しょうかいせき》の考えが、「まず国内をしずめてから外敵にあたる」であったからである。共産党は艱難辛苦の「長征」の途中から毛沢東《もうたくとう》が指導権を確立し、新しい根拠地を延安に置いた。そこを攻略しようとして、国民党は全力を注ぐ。しかし抵抗が激しく遅々として進まぬ戦況に業を煮やした蒋介石は、一九三六年十二月、督戦のため自ら西安を訪れた。しかしその地で、今は内戦をしている時ではないと考える張学良《ちょうがくりょう》と楊虎城《ようこじょう》は蒋介石を捕虜として監禁し、抗日救国と内戦停止の「兵諫《へいかん》」を行った。宋美齢《そうびれい》夫人たちの努力と周恩来《しゅうおんらい》との話し合いで事件は解決され、ここに国民党と共産党が手をにぎる第二次国共合作が成立し、共同で日本にあたる事となった。しかし一九四五年八月、日本との戦いが終わると、国共合作は崩れたのである。両党の交渉は繰り返され毛沢東の重慶訪問やアメリカのマーシャル将軍の調停という努力にもかかわらず、最終的には決裂し、再び内戦へ突入した。その結果国民党軍はアメリカの援助による立派な武器を持ちながらも、劣悪な装備しか持たぬ共産党軍に圧倒され台湾へ渡らねばならぬこととなり、一方共産党は一九四九年十月一日、天安門広場において中華人民共和国の成立を宣言した。

もともと両者の間には矛盾が存在した。それが日本という両者に共通の敵に目が向いた時に握手をすると一時的に覆われ、その敵がいなくなり互いの足下に関心が向いてくると、再び矛盾は露わとなったのである。

さて、現代ではどうであろうか。

一九八九年にベルリンの壁が壊されて東欧諸国が社会主義を捨て一九九一年にソビエト連邦が崩壊したが、それまで世界は社会主義圏と自由主義圏に分かれ、それぞれに固い結束を守っていた。超大国ソ連が滅んでも、極東には社会主義の大国中国が存在し、小国ながらも核保有を宣言した北朝鮮がある。中東から極東にかけてをアメリカでは「不安定の弧」と表現しているが、その極東における不安定の重要な要因となっているのが彼の二国である。

社会主義国家中国に市場経済を導入したのは鄧小平《とうしょうへい》であった。鄧小平は主席になろうと思えばなれたのであるが、副主席にとどまったのは、黒幕としての立場を維持しようとしたからに他ならない。故に日本のマスコミは鄧小平のことを正式な肩書きではなく、「最高実力者」と形容した。権力を掌握した鄧小平は、経済の面では「改革・解放」路線を取った。農業においては集団化をやめ、個人農家を復活させた。一定量の農産物を国に売れば、残りは自由に処分してもいい事としたのである。個人の商売も認めたので、ここに商業が発展する事となった。また海外の企業からの投資も認めたので、労賃の安い中国に外国の企業が競って会社をつくる事となった。要するに鄧小平のしたことは、資本主義化なのである。政治は従来通り共産党が独裁し経済は資本主義という、「社会主義市場経済」という名の、まことに奇妙な体制となった。今は目覚ましい発展を続けているが、社会主義という賄賂《わいろ》が横行する社会に資本主義経済を導入したので、貧富の差は甚だしいものとなって

鄧小平

写真提供：共同通信社

いる。持つ者と持たぬ者の差が大きくなり過ぎると、そこに大きな不満が出てくるのは自然な事である。それが出てきた代表的な姿が、一九八八年の天安門事件であろう。民主化を求めてたくさんの学生が天安門広場に集まって来たが、その七週間にわたる行動は、「人民解放軍」の戦車と装甲車により踏みにじられてしまった。自由化を経済に導入した以上その流れを止める事はできぬはずで、いずれ中国には内乱という形で矛盾が顕現し、政治も社会主義が放棄され自由主義となることであろう。今は矛盾が顕在化することを力で押さえている形である。そうするだけではなく国民の不満を外に向け、国家内部に目が向くのを避けようとしているように見受けられる。その国策に一番利用されているのが日本である気がしてならぬ。

日本政府は今回ようやく重い腰を上げ、「愛国主義教育で反日を助長するのはやめてほしい」と中国に申し入れた。実際、中国の中学校で使われている歴史教科書（国定）では、その五千年の歴史からすればわずか十五年にすぎない抗日戦争を、本全体の三分の一ほどの分量を割いて扱っている。日本軍がいかに残虐か、共産党に率いられた中国人民がいかに勇敢だったかを、繰り返し書きつらねていく。その煽情《せんじょう》的な記述は、心ある中国の年配者が見ても眉をひそめるほどである。しかしその教育の成果は「だから共産党は立派だ」とはならず、日本へのすさまじい憎悪が増幅されただけであった。

（「日本企業よ、『黄河の呪い』から覚めよ」京大教授 中西輝政、『文藝春秋』二〇〇五年六

月号所収）

このように紹介されているが、そこまで日本に対する憎悪が増幅されているにもかかわらず中国政府があらためようとしないということは、国民の反日感情を煽るのが目的である、と考えるのが妥当であろう。中国には世界に誇れる五千年の歴史があるのである。何故十五年の間のわずかの期間の事に国定の歴史の教科書がその三分の一の分量を割かねばならぬのか。その答えは簡単であるように思われる。共産党政権へ国民の批判の目が向かぬように、その向く目を日本にそらそうとしている。自国の内部に孕む矛盾が表に出ることを押さえんがため、日本憎しの心を増幅させている。このように解釈するのが、一番妥当であるように思うのである。

モスクワの軍学校にある共産党支部から運び出されるレーニンの胸像

写真提供：共同通信社

東欧の社会主義国家は雪崩《なだれ》をうって崩壊し、大本山ソ連も自滅した。次は自国であることを一番自覚しているのは中国自身であろう。それをくい止めんがために日本を上手に利用している、とこう見るのが妥当であるはずだ。

さて一方北朝鮮はどうであろうか。拉致問題や核疑惑等を見ていると、国家そのものが暴力団であることがわかる。国家ぐるみで麻薬を作り金儲けをしようなどとは、当たり前の国家がすることではない。そこまでせねばならぬほどに経済が行き詰まっているという事であるが、この国はいわば末期症状にあり、崩壊するのは時間の問題であろう。そこに到来するのは南北朝鮮の統一である。しかも自由主義国家として。中国も北朝鮮も自由化するとなると、極東情勢はいったいどうなるであろうか。

アメリカにとって中国や北朝鮮は仮想敵国である。したがって、どうしても日本や韓国に軍事基地を持たねばならぬ。今日本とアメリカとの間には日米安全保障条約があるが、何もただで日本を守ってやろうなどというお人好しの根性から結ばれているわけではないのである。十五年ほど前までは超大国ソ連が存在したのであるから、アメリカにとっては軍事基地の必要性から、どうしても安全保障条約を結ばねばならなかったのだ。

一九四五年五月にドイツが、同年の八月に日本が降伏して、第二次世界大戦は終わりを告げた。ようやく世界に平和が訪れたと思いきや、新たなる動きが顕著になってきた。東西冷戦の始まりである。一九四六年米大統領トルーマンに招かれたチャーチル前英首相は、ミズーリ州でトルーマン同席の場にて演説し、西欧とバルカンの間に「鉄のカーテン」がおろされたという表現でソ連の東欧支配を非難した。四七年の二月にチェコスロヴァキアで政変が起きて共産党政権が成立し、四八年六月にソ連が西ベルリンを封鎖し四九年に原爆実験を成功させると、緊張はさらに高まった。東洋では四九年に中国革命が成功して中華人民共和国が誕生し、五〇年に朝鮮戦争が勃発した。韓国を支援する「国連軍」としてのアメリカ軍の指揮を任されたのは、かのマッカーサー元帥である。朝鮮戦争はマッカーサーの日本に対するそれまでの考え方を、大きく変えることとなった。日本占領当初の「マッカーサー・ノート」にはこうある。

日本は紛争解決のための手段としての戦争、自己の安全を保持するための手段としての戦争を放棄する。日本が陸海空軍を持つ機能は将来も与えられることはない。

コーンパイプにサングラスをかけ
厚木基地に到着したマッカーサー
写真提供：共同通信社

すなわち、日本を非武装にしようと考えていたのである。しかしマッカーサーのこの転向が日本に警察予備隊を生むこととなり、それが保安隊と変わり、現在の自衛隊へつながっていく。冷戦がヨーロッパだけではなくアジアにも広がった以上、アメリカは日本の戦略的価値を重視した。

もし日本がソ連・中国との同盟に走れば、太平洋における均衡は大きく崩れ、われわれの防衛戦は米本土西海岸まで後退を余儀なくされる。（五一年三月、ダレス特使の米議会での証言）

と怖れたアメリカは、そのような事態を防ぐため、「早急に日本と平和条約を締結し、日本に国際社会の対等な立場を回復させ」（ダレス証言）、西側陣営に組み込んでソ連の攻勢に備える態勢を取らねばならぬと考えた。ここにアメリカは対日講和条約締結を急ぐこととなる。

一九五一年九月八日（日本時間九日）サンフランシスコのオペラハウスで講和条約が締結されるが、同日夕方場所を同市の第六軍司令部に移して、日米安全保障条約が調印された。ここにアメリカは、極東有事に備える基地を日本国内に持てる事となった。これによりアメリカの防衛戦は、太平洋の西端にまで広がることとなったのである。

日本は大陸とは海をはさんでいるため、対社会主義圏における絶好の戦略的位置にあった。これをアメリカは利用したかったのである。まずはアメリカの利害の上でのことであった。

他方日本はどうかというと、アメリカの基地が日本にあれば軍事費への予算配分を少なくすることができ、その分だけ経済復興を早くすることができる、と考えたのである。両者の利害の一致が「安全保障」という美名で条約と化したのであった。この日米安全保障条約は一九六〇年に改定されることとなる。しかしそこに出てきたのは、安保反対という大闘争であった。主導したのは社会党・共産党である。たくさんの労働者に加え、全学連の学生も多数参加した。連日のデモが国会を包囲し、六月十五日には死者が出、数知れぬほどの負傷者が出た。安保反対の根本理由は、米軍基地が日本にあると戦争に巻き込まれる危険性があり、平和を目指す国に基地は要らぬ、ということである。しかし米軍基地が日本にあることに一番怖れを抱いていたのは誰かとなると、ソ連を中心とした社会主義国家であったことは論をまたぬところである。したがって安保改定を阻止せんがため、日本の社会党・共産党を利用したと見るのが妥当であろう。その表看板は何であったかというと、「平和」という美名であったのである。踊らされたのは、安保反対闘争参加者たちであった。

日本に米軍基地ができることをソ連がいかに怖れていたかは、対日講和条約草案討議中にソ連の主席全権グロムイコ外務次官が、「講和条約締結後九十日以内に連合軍が日本から撤退し、いかなる国も日本に軍事基地を置かないこと」を主張したことからも察せられるところである。いかなる国の軍事基地も置かないとなると、そこにこそ真の平和がある、と多くの人は思うであろう。しかし米軍が出て行ったなら、そこにソ連に都合の良い政権をつくりアメリカ軍にかわってソ連軍が影響力を行使せんとすることは、火を見るよりも明らかなことである。このような事情の元に安保条約が結ばれ改定されたのであった。したがってソ連が自滅してしまった今、中国や北朝鮮が自由化したなら、在日や在韓の米軍の必要性はかなり変わったものとなるであろう。たとえ存続するにしても、今よりはるかに小規模なものとなるのではなかろうか。そうなると日米関係にも大きく影響してくるように思われる。もちろん日米安全保障条約は、その存続の意味がかなり薄れてくるであろう。

日米間の同盟の絆が強いのは、中国と北朝鮮という、両者に共通の仮想敵国が存在するからであることを忘れてはならない。この両者が共通の仮想敵国という外に目が向いているからこそ、経済問題等という大きな矛盾がたまに生じても、それほど大きくはならず、何とかおさまっているのである。しかしこれで互いの目が外に向かなくなった時には、その同じ目が必然的に足下に向くようになるのは避けられぬところである。そこに顔を出すのは、両者の間に潜在的にあった矛盾であろう。利用する価値が減った日本は、アメリカにとって競争相手という面がますます強くなるものと思われる。そこにはさらなる矛盾の顕現があるに違いない。

中国と北朝鮮が自由化すれば、世界に社会主義の旗を掲げているのは、ベトナム、ラオス、キューバだけとなってしまう。すなわち世界は、おしなべて自由主義化することとなる。世界中がそうなれば皆が仲良く手を握るだろうと考える人がいるかも知れぬ。しかし実際はそうではなくなるに違いない。社会主義国家という仮想敵国が存在したからこそ反対の自由主義国家はその結束を固めたが、その存在がなくなれば、民族を越えて団結する必要がなくなる。そしてそこに露わとなるのは、覆われていた矛盾である。その矛盾の顕現が民族問題となって出てくるか宗教間の問題となって出てくるか定かではないが、どうもその辺に出てくるような気がしてならない。同時多発テロ事件からアフガニスタン戦争そしてイラクを舞台にした戦争が、その表われであるように思われる。

アメリカ時間二〇〇一年九月十一日火曜日午前八時四十六分、ボストン発ロサンゼルス行きのアメリカン航空一一便がニューヨークの世界貿易センタービル北棟に突っ込み、そして十七分後の午前九時三分には、ボストン発ロサンゼルス行きのユナイテッド航空一七五便が、同ビル南棟に激突した。さらに九時三十九分には、首都ワシントンの国防総省（ペンタゴン）ビルにワシントン発ロサンゼルス行きのアメリカン航空七七便が突っ込み、またニューアーク（ニューヨーク郊外の空港）発サンフランシスコ行きのユナイテッド航空九三便がペンシルバニア州南部のピッツバーグ郊外に墜落した。実はこの墜落した九三便は、乗っ取り犯たちがワシントンの連邦議会に突っ込ませる予定のものだったのである。ブッシュ大統領は、事件はオサマ・ビンラディンが指導者をつとめるテロ組織アルカイダの仕業だと断定し、それをかくまうアフガニスタンのタリバン政権を攻撃した。ニューヨークの衝撃的映像を見せられた世界の人々は、そのほとんどがこの攻撃に異論を唱えず、特にアメリカ国民の多くは、ブッシュ大統領の行動に賞賛の拍手を送ったのである。この時のブッシュ大統領への支持率は鰻《うなぎ》登りであった。アメリカ国民と世界の民の大多数の大いなる支持を

崩壊寸前の世界貿易センターツインタワービル
写真提供：共同通信社

得て、堂々とアフガニスタンを攻撃したのである。

それから一年半ほど経った二〇〇三年三月、アメリカとイギリスは国際世論の反対を無視してイラク攻撃の暴挙に出た。大量破壊兵器を持っている、という理由によるものである。確かに湾岸戦争後の国連による査察でイラクが核兵器の開発を進めていたことがわかったし、化学兵器をミサイルの弾頭に装塡していた事も明らかになった。さらに一九九五年になって、過去にマスタードガス二八五〇トン、サリン七九〇トン、タブン二九〇トンを製造していた事をイラクは認めた。しかし毒ガスを持つことでイラクを非難攻撃するのなら、イラン・イラク戦争でイラク軍が毒ガスをすでに使用していたのであるから、その時にされねばならなかったはずである。しかし当時のレーガン政権はその事実を知りながらも何の非難さえしなかった。今にいたって毒ガスの脅威を持ち出して問題にし攻撃するのは、道理に合わぬことである。サダム・フセイン政権を打倒するのが目的で、それを正当化せんがために大量破壊兵器所持という理由を持ち出した、と見るのが妥当であろう。

二〇〇三年七月十一日の朝日新聞は、米国務省情報調査局のグレッグ・シールマン元部長の証言を紹介した。シンクタンク主催の記者会見に出席した元部長が、

イラクの問題に関して、ブッシュ政権は「我々は答えを持っている。それを支持する情報を集めろ」という姿勢だった。

と述べたというのである。

二〇〇四年四月六日の同紙には、四日付けの英紙の報道として掲載された。

四日付けの英日曜紙オブザーバーは、ブッシュ米大統領とブレア英首相が二〇〇一年の米同時多発テロ事件直後に、イラクのフセイン政権打倒について話し合ったと伝えた。ブレア氏は、公にはイラク戦争は「最後の手段」と考えていたとしているが、実際は早い時期から米国の開戦の決意を知り、支持を約束していた可能性が指摘されている。同紙は今週発売される米誌バニテイ・フェア掲載記事の要約として伝えた。証言したのは当時英国の駐米大使だったクリストファー・メイヤー氏。事件の九日後に訪米したブレア氏はブッシュ氏から夕食会に招かれ、メイヤー氏も同席した。席上ブッシュ氏が、フセイン前大統領を追い落とすことに支持を求めたのに対し、ブレア氏は「アフガニスタンから注意をそらすべきではない」と助言。ブッシュ氏は「わかったトニー。最初はアフガンだ。だがその後はイラクをやらねばならない。イラク体制の変更はすでに米国の政策だ」と語った。これに対しブレア氏は抗弁しなかった、とメイヤー氏が証言したという。

このような情況のもとにイラク攻撃が行われたのであるから、米国内のみならず、世界の多くの人々からブッシュ大統領は非難を浴びた。イラク戦争中よりは終戦宣言を出した後の米兵の死者が多くなり、大統領選挙が危ぶまれるほどにブッシュ氏の支持率は低下したのである。

同時多発テロ事件の時にはほとんどの米国民の目がアフガニスタンへ向いたが故に、国内にさまざまな矛盾があってもそれが表に出ず、したがって一致団結したごとくに大統領を支持する結果となったのであり、イラク戦争においては、国民の支持が多くなかった事でわかるように、その米国民の目があまり外へ向かなかったのであり、しかも戦死者が増え続けるばかりであるので、自ずと国民の目は足下に向き、したがって覆われていた矛盾が露わとなる事となり、それが大統領への支持率低下となって出てきたのである。

一方イラクの方はどうかというと、イスラム教内で対立してきたスンニ派・シーア派そして原理主義者は、アメリカという三者に同一の敵が侵略してくると、派を越えて反米武装勢力となり団結した。それが総選挙が実施されひとまず形の上ではイラク人に主導権が移ると、手を握りあった仲間が、今度は自派が有利になるように互いを攻撃しだしたのである。現在シーア派とスンニ派が互いのモスクを攻撃するという挙にでている。イラク国民の目が自分たちの足下に向き出したのである。イスラム教内での対立となるとイラク国内だけにはとどまらず、近隣のイスラム国家へ波及する可能性が出てきた。それを怖れる近隣イスラム国家の指導者は、両派が対立せねばならなくなった原因はアメリカにあると声高に叫び、国民の関心をアメリカに向けようとしている。もちろんアメリカがイラク攻撃に出たからではあるが、シーア派とスンニ派の対立は今始まったことではない。もともとあったのである。それがアメリカが侵攻して来ると両派は手を握り、そのアメリカの存在が薄れてくると互いの足下に目が向き出し、隠れていた矛盾が露わとなり始めたのである。ここにも同じように、外へ関心が向けば矛盾が一時的に覆われ、足下に目が向けばその矛盾が顕現するという構図が露わとなった。

人間の立つべき原点

矛盾の統一

人間の心に潜む矛盾がいかに顕現し隠蔽されるのかを、簡単にではあるが個人と国家や民族のレベルにおいて、右に見てきた。国家や民族といっても、それは個人の集合でしかない。その個人の奥底には、生と死の根本矛盾が渦巻いている。したがってこの生と死の矛盾の解決こそが最も肝要なところである。

問題が出てくる所には、同時に解決の道があるものだ。それは二五〇〇年前にお釈迦様によって説かれ、その心はわが国では、法然上人・親鸞聖人に受け継がれた。

迷い続けた己が、その世界を脱却して行くのである。長い間心を覆っていた暗黒が、雲散霧消して行くのである。「迷い」の世界から「救い」の世界へ生まれ変わるが故に、このことは「往生《おうじょう》」という言葉をもって説かれた。「往生」とは閉塞されていた道が開けることなのである。それがいかなる世界であるのかを、筆者自身の迷い苦しんだ道を振り返りながら、ここに少しばかり述べることとしたい。

「生きねばならぬその意味」「人生の目的」が大問題となり私に襲いかかってきたのは、高校を卒業してからであった。すべてが暗黒と化し、わずかにでも輝くものはことごとく失ってしまった（このことの顚末は拙著『転依（てんね）――迷いより目覚めへ――』、法蔵館、に詳しく書いたので省く）。

私は理解をしたかった。わかりたかった。納得したかった。人間として生きて行かねばならぬその意味を、死んだ先に待ちかまえている世界を。それがわからねば、とても安心して、しかも満足して生きていけるとは思わなかった。

あれから二十五年ほどの時間が過ぎ、四十五歳を迎えんとしていた。しかしその時でさえ、青年時分にいだいた大問題にはまだ納得のゆく答えは出ていなかった。しかしおかしなことである。心はまことに清々しく落ち着いているのである。時間が経ってその大問題がどうでもよくなったのであろうかと己に問うてみたが、そうでは決してなかった。それではなぜなのだ？

その問いに対しては、その年齢に達していても、どうとも答えようがなかった。何かがわかったわけではないのに心は非常に落ち着いており特別の不安がなくなったその心境を、いったいどう説明すればよいのか。

しかし五十歳を迎えんとする頃、ようやくその自問に答えを得ることとなった。

二〇〇五年は明治の求道者清沢満之師が亡くなられてからちょうど百年目で、記念として岩波書店より師の全集が刊行された。師の全集は以前に法蔵館より出版されており、精神主義や精神講話を読んだのはかなり前のことである。その頃は読んでも、あまり強い印象は受けなかった。ある日久しぶりに再び目を通すこととなり、読み進むうちに、師の絶筆「我が信念」の途中で急に私の目は止まった。

師は説かれる。

「知らざるを知らずとせよ、是れ知れるなり」とは、実に人智の絶頂である。然るに我等は容易に之に安住することが出来ぬ。私の如きは実にをこがましき意見を抱いたことがありました。然るに、信念の幸恵により、今は愚痴の法然房とか、愚禿親鸞とか云う御言葉を、ありがたく喜ぶことが出来、又、自分も真に無知を以て甘んずることが出来ることである。私も以前には、有限である、不完全であると云いながら、其の有限不完全なる人智を以て、完全なる標準や、無限なる実在を研究せんとする迷妄を脱却し難いことであった。私も以前には、真理の標準や善悪の標準が分からなくなっては天地も崩れ社会も治まらぬ様に思うたることであるが、今は真理の標準や善悪の標準が、人智で定まる筈がないと決着して居ります。

「知らざるを知らずとせよ」、これがすなわち「知れるなり」ということであり、この境地が人間として得ることのできる智慧の絶頂である、と述べられるのである。これを理解するために、まずお釈迦様の説かれるところに耳を傾けてみることとする。

お釈迦様が王子の立場を捨て、国家を捨て、家族を捨て、財産を捨てて一介の沙門とならねばならなかった原因は何であったかというと、老・病・死を自覚しての、生と死にまつわる根本矛盾にぶつかったからに他ならない。それが解決されねば生きて行けぬほどの問題をいだかれたお釈迦様が苦行の末悟りを開かれるが、晩年「世尊よ、我れは向《さき》に静かに黙して自ら思惟せしに、此の那陀村には、十二の居士の伽伽羅等が命終せり。復た五十人の命終せる有り、又た五百人の命終せる有り。斯れは何れの処に生まるるや。唯だ願わくは解説《げせつ》せんことを」という阿難の問いに対する答えの中で、

阿難よ、夫れ生まれて死有るは自ずから世の常なり。此れ何ぞあやしむに足らん。若し一々の人の死に来たりて我れに問わば、優乱《じょうらん》に非らずや　（『遊行経』）

と述べておられる。すなわち「生まれてきたのだから死んで行くのは当たり前である。そんなことを問題にすること自体が問題ではないか」と言われているのである。阿難が問題にした当にその問題ですべてを投げ捨ててまで出家されたお方が、「そんなことを問題にすること自体が問題ではないか」と言われるのであるが、はたしてこれはいかなる心境なのであろうか。この『遊行経』にお釈迦様が阿難に説かれたと同じようなことを私は青年時分に他人に言ったことがあるので、その辺から進めてみることとする。

あれは三月に大学を卒業したその年の八月であった。所用で京都へ行くこととなり、そのついでに春まで間借りしていた所へ行ってみた。京都風の長屋の一軒を三人で借りる形となっていたが、そこにはまだ後輩が残っていたからである。行ってみると、新しく入ってきた他の大学の法学部の学生も顔を見せた。その学生と話していると、急に態度を変え、

「質問してしていいですか?」

と聞いてきた。

「いいよ」

と答えると、

「何故人は死ぬんですか?」

と尋ねてきた。その質問に、私は内心非常に嬉しかった。二十歳前後の自分に会ったような気がしたからである。仏教を学んでいても、龍樹の教学がどうの親鸞の教えがどうのと問題にする人がいても、自分がかかえている生死の矛盾を明らかにしようという人は、極めて少なかったからである。

私は簡単に答えた。

「生まれてきたからだよ」

すると彼は、

「そんなこと言ったって……?」

と、甚だ不満そうであった。

「だって、そうなんだからそうなんだい」

と私が言うと、「そうですか」と言って、続けて質問してきた。

「それでは何故人間は生きねばならないんですか？」

私は答えた。

「そんなことは俺にもわからんよ」

「それでいいんですか？」

と、強い調子で彼は聞いてくる。

「別にそれで俺はかまわないよ」

明治の求道者　清沢満之
（1863～1903）

と私は言う。ぶっきらぼうな私の答えに、彼はいかにも不満げであった。振り返ってみると、私が彼と同じ年齢の時にそのように言われたなら、同じような反応を示したであろうと思われる。その時私はすでに二十八歳になっていた。仏教の教えも念仏の心もまったくわかってはいなかったが、生と死の問題に関しては、まったく何もわからないことだけはわかっていた。それで心はスッキリしていたのである。しかし、青年時分の自分の大問題がまったく何も解決していないのに何故心が晴れ晴れとしているのか、それが説明されるまでには、それより二十年ほどの歳月を要した。そのきっかけが先に示した清沢満之師の、

「知らざるを知らずとせよ、是れ知れるなり」とは、実に人智の絶頂である。然るに我等は容易に之れに安住することが出来ぬ。

（「我が信念」）

の一文である。

「わかった」わけではない。「見えた」のである。「そのとおり」「あるがまま」に見えたのであり、何故そうなっているのか理解できたわけではないが、人間は、人間界は、「そうなっている」のであり、「それがそのまま受け入れられ」て、そこに何の疑問もわかなくなったのである。生が有れば死が有るのであり、男がおれば女がおり、何故かしら己は男に生まれてきたのであって、性を選ぶことも、顔も、スタイルも、能力も選ぶことができなかったのであり、それが「そのまま」受け入れられたのだ。表現を変えるならば、大問題であったことが、問題ですらなくなったのである。これはこのように表現すると理解していただけるのではなかろうか。

ここに百点満点の問題があったとしよう。こういう場合、努力して百点を取った人は確かに「わかった」人である。しかし「わかった」人にとっては、解かねばならぬ問題がそこにあったのであ

り、「わからない」ことが本当にわかって心がスッキリした人には、解かねばならぬ問題そのものがそこにはなくなってしまったのである。したがって先に示したように、生と死の大矛盾にぶつかりすべてを捨てて出家されたお釈迦様が、

阿難よ、夫れ生まれて死有るは自ずから世の常なり。此れ何ぞあやしむに足らん。若し一々の人の死に来たりて我れに問わば、擾乱《じょうらん》に非らずや。

と説かれるところにも頷くことができるであろう。問題がなくなったところに開けるのは、心の暗黒が消え去った明るい世界である。生前のことにも死後のことにも。世界が明るくなったということは、光が射し込んできたということに他ならない。己の心の奥底を照らし出す智慧の光が、である。この智慧の光が射し込むところに、われわれ人間が持つ根本矛盾の解決される世界が開けるのである。

親鸞聖人は「往生《おうじょう》」ということを生前と死後に分けて説かれる。生前においての「往生」とは、正定聚《しょうじょうじゅ》の位につくことである。これは死後浄土に生まれること間違いない、という立場である。死後においての「往生」とは、浄土へ生まれ変わることである。

さて、ここであらためて問いを発してみたい。親鸞聖人は浄土がどんな世界か本当にわかって

答えはおそらく「否」であろうと思われる。わかって説かれたのなら、「愚禿親鸞」とは自覚されなかったであろう。「愚痴の法然房」にしても同じことである。愚者の自覚とは「わからない」ということであり、頭で理解できなかったということである。わからないのに「往生する」とは何事か、ということになろう。「往生」と表現されたのは、「生前のことにも死後のことにも根本的暗さが無くなった」その世界を表わされたものであろうと思われる。

「往生」ということについて金子大栄師は次のように述べておられる。

だから、それは来世といい、未来といいましても、そういうふうに表現したのでありまして、それをかたくなに実体的に考えることは間違いであります。そういう意味では、浄土へ往生するといっても、実は無生といわねばならない。無生の生という言葉使いもありますが、浄土は無生の世界であります。したがって、往くといっても、ここから何処かへ歩いて行くというようなことではない。

勿論、人間の生活は歩みである、というような点からいえば、行くことには違いはありませんが、しかし、ここを離れて何処かへ行くようなことではない。また、往生といっても、母の母体から生れる、というようなことではない。ただ、要するに往生という言葉であらわすよりほかに、表現のしようがないのであります。ですから、もしそれを理知的にかれこれいうならば、それは、無生といわなければならないのである。

（『教行信証総説』百華苑）

どこかに浄土が在って、そこへ生まれるというようなことではない、とハッキリ言っておられる。それにしても「無生の生」とは変な表現である。「無生」とは「生まれない」ということであるからだ。「生まれないで生まれる」というような形にしか表現できぬからであるが、この「往生」に関しては、白隠《はくいん》禅師の説かれることの方がよりよく理解されやすいような気がするので、ここに示すこととする。師は次のように述べておられる。

往生とは何をか云うや。畢竟見性《けんしょう》の一着《じゃく》なり。

（『続遠羅天釜続集』）

「往生」とは「見性」ということであり、「ものごとの本質が見えることである」と説かれるのである。頭でわかったというようなことではない。ものごとが正しく見えたのである。正しく見えたとは正しくものごとが信ぜられたということであり、「あるがまま」が「そのとおり」に受け入れられた、ということである。そこにわれわれの根本無明を晴らす智慧の光の射し込む世界が開けるのである。

其の智慧の光明とて、別に遠き所にあるものではない。生あるものは必ず死ありと云うことが明白に信じらるれば、其が即ち智慧の光明である。無常迅速と云うことが本統に信じらるれば、其が即ち智慧の光明である。我は本来なきものであると云うことが真実に信じらるれば、其が即ち智慧の光明である。阿弥陀仏は必ず我を済ひたまふと云うことが疑なく信じらるれば、其が即ち智慧の光明である。

（「無畏の心」清沢満之）

「生あれば死あり」「無常」「無我」「阿弥陀仏の救い」をここではあげておられる。これらが肚にすわるところに智慧の光明が射し込む世界があると言われるのだ。「生あれば死あり」も「無常」も「無我」も世の真実を表現する言葉であり、「あるがまま」なる世の姿である。したがってここで述べられているのも、「あるがまま」が「そのまま」受けられるところに開ける光明射し込む世界である。

「阿弥陀仏の救い」はこれとはそぐわぬようであるが、『往生要集』に源信和尚が引用される次の文によって、より理解しやすくなるであろう。

『仏蔵経』の「念仏品」にのたまはく、「所有なしと見るを名づけて念仏となし、諸法の実相を見るを名づけて念仏となす。分別あることなし、取なく捨なき、これ真の念仏なり」と。以上諸余の空・無相等の観も、これに准じてみな念仏三昧に摂入すべし。

ここでは「無諸有」「諸法実相」「無分別」「不取不捨」「空」「無相」等が観ぜられるのが「念仏」であると言っておられる。「念仏」とは読んで字のごとく「仏を念ずる」ことである。「仏」とはもともと「真実そのもの」を指し示しており、真実とは「無所有」「諸法実相」「無分別」「不取不捨」「空」「無相」等で示されている世の「あるがまま」の姿であるが、したがって世の真実があきらかに観ぜられることが念仏であり、そこに開けるのが「阿弥陀仏の救い」である。それは正しく「あるがまま」が「そのとおり」に受けられた世界であり、頭で理解されたそれではない。したがって「わかった」わけではないのである。その心は、

往生にはかしこきおもひを具せずして、ただほれぼれと弥陀の御恩の深重なること、つねはおもひいだしまゐらすべし。しかれば念仏申され候ふ。これ自然《じねん》なり。わがはからはざるを、自然《じ》然《ねん》と申すなり。これすなはち他力にてまします。しかるを、自然《じねん》ということの別にあるように、われ物しりがほにいふひとの候ふよし、うけたまわる、あさましく候ふ。

(『歎異抄』第十六章)

にも説かれるところである。

わからぬことが真にわかった人が智慧の光明に出会うということは、蓮如上人も説かれるところである。

おなじく仰せにいはく、心得たと思ふは心得ぬなり、心得ぬと思ふは心得たるなり。弥陀の御たすけあるべきことのたふとさよと思ふが、心得たるなり。少しも心得たると思ふことはあるまじきことなりと仰せられ候ふ。

（『蓮如上人御一代記聞書』）

わかったという智慧ならば解かねばならぬ問題が残った智慧であるが、解く必要もわかる必要も無くなった智慧は問題そのものが無くなったのであり、これこそまさに「実に人智の絶頂である」（清沢満之）。

法然上人の常の仰せは、

浄土宗の人は愚者になりて往生す。

（『親鸞聖人御消息』）

であったという。愚者と自覚できるところにこそ、人間の心の奥底に横たわる根本矛盾の解決される世界が開けるのである。

非作の所作

「あるがまま」をあるがままに受けるとか「そのとおり」に正しく見えるとなると、きわめて静かなる世界がそこに開けるように思われる。己が「あるがまま」に帰することにより生と死の根本矛盾が解消するのであるから、もちろんそれはその通りである。しかし「あるがまま」の境地は、静かなる世界ではあるものの、それは同時に生きる原動力を漲らせている世界でもある。

親鸞聖人八十六歳の時、門弟の顕智が師の舎弟尋有の善法坊におられる聖人を訪ねて自ら教えを聞いて書き残した一文に、『自然法爾章《じねんほうにしょう》』がある。簡潔に念仏の心がまとめられたものである。

獲《ぎゃく》字は、因位《いんに》のときうるを獲《ぎゃく》といふ。得《とく》字は、果位《かい》の時にいたりてうるを得《とく》と云也。名《みょう》字は、因位《いんに》の時のなを名《みょう》といふ。号《ごう》字は、果位《かい》の時のなを号《ごう》と云ふ。自然《じねん》といふは、自《じ》はおのづからといふ、行者《ぎょうじゃ》のはからいにあらず、しからしむといふことば也。然《ねん》といふは、しからしむといふことば、行者《ぎょうじゃ》のはからいにあらず、如来のちかひにてあるがゆえに。法爾《ほうに》といふは、この如来のおむちかひなるがゆへに、しからしむるを法爾《ほうに》といふ。法爾《ほうに》とは、このおむちかひなりけるゆへに、すべて行者《ぎょうじゃ》のはからひなきをもて、この法のとくのゆへに、しからしむといふなり。すべて、人のはじめてはからはざるなり。このゆへに、他力には義《ぎ》なきを義《ぎ》とす、としるべしとなり。自然《じねん》といふは、もとよりしからしむといふことばなり。

弥陀仏《みだぶつ》の御《おん》ちかひの、もとより行者のはからひにあらずして、南無阿弥陀仏とたのませて、むかへむと、はからはせたまひたるによりて、行者のよからむとも、あしからむともおもはぬを、自然《じねん》とはまふすぞときゝて候。ちかひのやうは、無上仏にならしめむとちかひたまへるなり。無上仏とまふすは、かたちもなくまします。かたちのましまさぬゆへに、自然《じねん》とはまふすなり。

かたちましますとしめすときには、無上涅槃とはまふさず。かたちもましまさぬやうをしらせむとて、はじめて弥陀仏とぞ、きゝならひて候。みだ仏は、自然《じねん》のやうをしらせむれうなり。この道理をこゝろえつるのちには、自然《じねん》のことは、つねにさたすべきにはあらざるなり。つねに自然《じねん》をさたせば、義《ぎ》なきを義《ぎ》とすといふことは、なほ義《ぎ》のあるになるべし。これは仏智の不思議にてあるなり

愚禿親鸞八十六歳
（高田派専修寺蔵）

この短い文章の中には、「しからしむ」という言葉が五回も使われている。このような使われ方は文章としては普通ではないが、そのくらい使われねばならなかったということは、そこまで強調されねばならなかった、ということに他ならないであろう。「自然《じねん》」も「法爾《ほうに》」も同じ心であるが、これは阿弥陀仏の救いの世界を表現したものであり、「自はおのずからといふ、行者のはからひにあらず」と説かれるように、「自然《じねん》」という「あるがまま」を体得した人には、己の分別を越えて「しからしむ」という己をつき動かす力が、自然に湧き出てくるものであることを説かんとしている。『自然法爾章』の中で「しからしむ」を五回も使われたということは、親鸞聖人の指導により念仏を称える人がたくさんいても、その本当の心を味得した人がいかに少なかったか、ということの表われであろう。生と死の矛盾という人間の根本問題にぶつかった人が、「自然《じねん》」という「ある

がまま」に帰するところにその矛盾が矛盾でなくなる世界があるのであり、生前のことにも死後の世界にも暗さがなくなり明るく朗らかな心をいただいて、かつ無意識の内に己をつき動かす湧き起こってくる力のままに人生を全うするのである。この境地を説かんとして阿弥陀仏は教典の上に仮の姿を示される。「みだ仏は、自然《じねん》のやうをしらせむれうなり」と述べられるように、ここに阿弥陀仏は方便法身《ほうべんほっしん》という仮の姿をとられるのであるが、この方便法身の阿弥陀仏とは、

弥陀成仏のこのかたは
いまに十劫《じっこう》とときたれど
塵点久遠劫《じんでんくおんごう》よりも
ひさしき仏とみえたまふ
（『浄土和讃』）

親鸞　鏡の御影
（西本願寺蔵）

と詠われるように、姿も形もましまさぬ法性《ほっしょう》法身《ほっしん》の阿弥陀仏が「自然《じねん》」のこころを知らせんとして形を持った方便法身《ほうべんほっしん》の姿をとられるのであり、その方便法身の阿弥陀仏の心が己に伝わってきた時に

出てきたのが、

弥陀の誓願不思議にたすけられまゐらせて、往生をばとぐるなりと信じて念仏申さんとおもひたつこころのおこるとき、すなはち摂取不捨の利益にあづけしめたまふなり。

（『歎異抄』第一章）

の心である。すなわち理屈を越えて念仏を申そうという心が起こってきた時、われわれは生と死にまつわる大いなる矛盾が統一され、明日に向かう偉大なる力をわが身に獲得するのである。

この立場は人間が社会生活をおくる上での、「立つべき原点」と言ってもいい世界である。

先生や親から「目的を持ちなさい」と言われた子供は多いはずである。わが子の小中学校時代、先生が子供たちにそう言っていたのを思い出す。小さな頃よりしっかりした目的があると、確かに人は努力するものである。私の知った中にも、子供の頃からの夢を実現した人が何人かいる。しかしそんな人というのは稀で、友人を思い出してみても、漠然と学生生活をおくっていたのがほとんどであった。何かしたいことはありそうだがいまだはっきり定まらず、というような仲間が多かった。本当に自分がしたいことを見出すというのは、簡単そうで、実のところは難しいことである。

本当にしたいことができるとしっかりした中心ができるのであるから、その人の生活はうまく回転し始めるはずである。この回転は時期が早ければ早いほどいいのであるが、うまく行かぬ方がどちらかというと多いように見受けられる。一般にはいかなる姿を示すであろうか。一般といっても甚だ漠然としているので、筆者自身のことを例にあげてみることとする。この男も、早くそしてうまく回転しなかった一人であるからだ。

小学生時分は遊ぶことが多く勉強はてきとうにしかしていなかったが、中学生になると目の前に受験が迫ったので、三年生になってからは必死に勉強することとなった。高校の三年間は楽しく過ごし、そこそこに勉強していたら大学に合格した、というくらいのものであった。大学という所に憧れを持ち、将来に対する少々の夢はあったが、すべては、大学へ入れば何か道が開けるであろうといった、まことに漠然としたものだったのである。しかし漠然としてでも少々の夢を抱いたということは、その世界を信じていたのである。ところが入学してみると、面白くない授業の連続である。はかない夢はいとも簡単に崩れ生活の中心を失った時に、目の前に己を魅きつけたのは、クラシックギターという小さな楽器であった。凝り性が重なり、他のすべてを忘れて没頭した。生活の中心は、その小さな楽器となったのである。授業中にしても、道を歩いている時でも、また食事をしている時でさえ、あの曲の運指はどうするか、どのような指使いをすればうまく弾けるか、部屋には何時までに帰って何時間練習するか、といったことが頭を離れなかった。

生まれて初めて没頭するものを見つけ、これさえあれば他の多くのものを犠牲にしてでもかまわないと思えるほどの道ができたということは、己が強く信ずる世界がそこにできた、ということである。強く信ずることができたということは、大きな中心ができたということでもある。それまで一度も経験したことのない大きな中心ができたこの男は、有意義な学生生活をおくることとなった。毎日が充実していた。ところが二年後にその充実した生活は破綻を迎えることとなった。何故人間に生まれてきたのか、何故人は生きねばならぬのか、死んだ後はいったいどうなるのかといった、それまでにもいだいていた生と死にまつわる問題が、己に大きく覆いかぶさってきたからである。信ずる世界を失い中心を喪失した男は、急に生活が回転しなくなった。男はあせった。もがいた。そしてそれが高じ、すべてを精神的に失うこととなった。しかし男は、それがきっかけで、少々時間はかかったものの、内なる命に火がつくのを覚えた。理屈抜きに燃え上がる命の炎を、全身で味わえたのである。時の経過とともに勢いを増す命の炎の燃え上がるままに任せて、男は必死に努力した。途中大きな失敗があったものの、男は努力することを止めなかった。次の世界に、また己の喜びを見出したからである。男はさまざまなものに興味を覚えた。したがって一つの道を驀進《ばくしん》してはいたものの、他のたくさんの道に耳を傾けた。やりたいことはたくさん出て来、それを一つずつ成し遂げてゆくところに生きる喜びを感じた。一つを達成すれば次のを目差すというように、次から次へと「生きる目標」が出てきた。「こうしたい」「ああしたい」という願いは、己が起こそうと思って起こってきたわけではない。自然に出てきたのである。「こうしよう」「ああしよう」と思うのは己の意志である。しかしよくよく振り返ってみると、この自分の意志にしても、自ずから起こってくることに変わりはなかった。気がつくと己の生き様は、周囲に咲く草花と何ら変わってはいなかった。植物も自分の力で生きている。しかしその力は湧き出てきているのである。

野の花は春に地中より芽を出すと、大空へ向かって葉をいっぱいに広げて伸びようとする。途中踏まれて茎の曲がるようなことがあっても、曲がったなら曲がったなりに伸びて行き、それなりの花を咲かせるのである。男は己の過去の生き方を振り返った。己は真っ直ぐに伸びて、そこに立派な花を咲かせようとしたのではないのか？　いや、それだけではなく、そのようにならなければ生きる意味がないと考えたのではないか？　とも。それは的を射た見方であった。

今己が安らかに、しかも生き生きと躍動した日々をおくることができるのは何故であるのか？と問えば、それは「自然《じねん》」に帰ったからに他ならない。己の頭ですべてを理解し納得するといったそんなちっぽけな殻を打ち砕かれて、「自然《じねん》」に帰《き》したからなのである。「自然《じねん》」に帰したといっても、帰そうと思って帰したわけではない。持っていたさまざまなものが壊され奪われて、気がついたら「自然《じねん》」の世界に立っていただけのことである。「自然《じねん》」とは静かなようであるが、それは同時に生命が躍動する世界である。思えばそこに至るまでが苦しみの期間であった。その期間男は、己を支えてくれるであろうと思われる教えにしがみつき、神や仏をも信じようとした。しかしそんな教えは仮のものであり、そんな神や仏は、己の願いを満たさんがためにただ利用しただけの存在であることに気がついた。すべてが壊されると、底の底からほとばしり出てくる命の泉が湧き出してきた。今この男があるのは、すべてこの命のなせる業である。男は生活に中心ができたことを喜んだ。己の意志を越えて湧き出てくるこの命に出会っていなかったなら、おそらく己の一生とは、燃えかすがたくさん残るであろうようなものであることを思った。己が全身全霊をもって出会うことができたこのほとばしり出てくる命の泉とは、己を救ってくれ、生かしてくれ、安楽ならしめ、躍動させる、神であり仏であったのである。

秋になると、一本の茎に大きな一輪の花をきれいに咲かせた立派な菊が、植木鉢のまま家の玄関の周辺に飾られているのを目にすることがある。みごとと言っていいほどの大輪の菊であるが、作っている人に聞いてみると、そこまで咲かせるには、かなりの手を入れねばならぬそうである。まず山へ行って腐葉土を取って来、それに植えてしかも何度も植え替えをせねばならぬのだそうで、私のような興味のない男には作り方を聞いているだけでやる気が起こらぬぐらいに手を入れて、はじめてあの一輪の大きな花を咲かせることができるのだそうだ。人間が手を加えるからであるが、花屋に並べられているたくさんのきれいな花にしても、そのほとんどは同じように人間が手を加えたものである。人間が手を加えるとはある条件を設定するということであるが、その条件が設定されると立派に花を咲かせることができる植物というものは、逆にその条件を取り除かれると、花を咲かせることができなくなったり、なかには生きて行くことさえできぬものも出てくる。そのような作られた花に比べて、人からは見向きもされぬ雑草はいかがであろう。雑草とはいっても一つ一つにはちゃんとした名がつけられているのであるが、人間にとっては見る価値や利用する価値がほとんどないからこそ一まとめにして雑草と称しているのであって、人間からは見向きもされずかえって邪魔物扱いされる雑草とはすごい生き物で、コンクリートやアスファルトの割れ目に少しでも土があるとそこに根を張りそれなりの花を咲かせ、屋根の棟の瓦の隙間にでも、どこからかやってきて、そこに自分の生き場所を見出すのである。雑草とて良い条件を与えられると立派に花を咲かせるであろう。しかしその感心させられるところは、かなりの悪い条件であってもそれなりに根を張り、花を咲かせ、実を付けて己の生きる世界を持つことができる、ということである。ここが人間に手を加え続けられた花とは、大きく異なるところである。

さて、われわれ人間はいかがであろう?

現役時代に会社の中で立派に花を咲かせる人はたくさんいる。しかしその同じ人間が定年を迎えるといかがであろう。都会のコンクリートの中で生きる道を失い、鬱々として生活している人のいかに多いことか。こういう人というのは、長年手を加えられてきた花と似ている感じがしてならぬ。こういう大人はたくさんいるが、子供は違う。都会のコンクリートに囲まれた世界であろうが、田舎の田畑の広がる所であろうが、山の中であろうが、どこに置かれても遊び場所を見出し、活き活きと動き回るのが子供である。

一昔前にはほとんどの家にテレビがなく、おもちゃさえ買ってもらうことは稀であった。そんな環境でも子供というのは、周囲にたくさんのおもちゃを見出し、遊び場所を発見した。子供にとって遊び場所とは、そのまま生きる場所である。どの時代であろうが、どんな場所であろうが、与えられた環境の中でそれなりに生きる場所を見出すのが子供である。こういう子供と、ある条件が与えられぬと生きる世界がないと思ってしまう大人の根本的違いは何かというと、あまり手を加えられていない者と長年そうされてきた者のそれである。

成長するにつれてつくられて行くのは、誰でもしかたがない。そういう大人の中にも、精神的束縛から解き放されて、広大なる境地を味わう人がいる。

「魂の自由人」である。

精神的束縛とは「自力の心」という分別するところから起こってくるのであるが、その束縛から解き放たれるところに開けるのが、他力という広大なる世界である。他力とは「他よりしからしむる」ということであり、「自ずから湧き起こってくる」世界である。その境地を体得した人は、条件が整えば立派に花を咲かせるし、悪い条件の中ならばそれに合うように花を咲かせ実を付けるのであり、どこにでもそれなりに活き活きと生活する空間を見出すのである。

親鸞聖人は『教行信証』「真仏土巻」に、『涅槃経』を引用して述べられる。

> また解脱《げだつ》は名づけて虚無《こむ》といふ。虚無《こむ》はすなはち解脱《げだつ》なり、解脱《げだつ》はすなはち如来《にょらい》なり、如来《にょらい》はすなはちこれ虚無《こむ》なり、非作《ひさ》の所作《しょさ》なり。

ここに示されている「非作の所作」とは、「作《さ》に非《あら》ずして作《さ》せらるる」である。すなわち分別を越えて活動が自ずと出てくるのである。根本無明から解き放たれ、行く先に暗さが取り除かれた明るい世界を、意識を越えて湧き出てくる力のまま生き抜く力と姿が自ずと出てくるその世界を、「解脱」と表現し、あるいは「虚無」「如来」「非作の所作」等と表わしている。これらの表現はすべて「念仏」の異名である。したがって真に仏を念ずる者には、人間として社会に生きるべき原点が確立されているのである。それを体得されたのがまずはインドのお釈迦様であり、お釈迦様はその理屈を越えた世界を、「南無阿弥陀仏」という仏の名一つによって説き示された。わが国でその心を体得されたのは、「愚痴の法然房」「愚禿親鸞」と自称された法然上人・親鸞聖人であった。

小さな子供はすなおである。すなおな子供は目が澄んでいる。このすなおな子供は、夏のうだるような暑さの中でも、汗だくになりながら走り回っている。「こんなに暑いのに、何故そんなにまでして遊ぶの？」と大人が問えば、おそらく子供は変な顔をするであろう。子供が遊ぶのは、そこに何かの理由があってのことではない。遊びたいから遊んでいる、ただそれだけのことである。子供は分別があまりない故に、人生の意味や目的を深く考えることはない。それらは問題にさえのぼらぬのである。問題になってくるのは分別がたくましくなってくるからであるが、問題が重大となり心が暗く覆われた人間が、その自力の心をことごとく破壊され「あるがまま」が「そのとおり」に受けられる世界に到達すると、小さな子供と同じように、湧き出てくる力のまま活動する世界が自ずと開けて来る。「青い色には青い光・黄いろい色には黄いろい光・赤い色には赤い光・白い色

法然　鏡の御影
（金戒光明寺蔵）

には白い光」（『仏説阿弥陀経』）というように、男も女も、その置かれた場に応じて自ずと光り輝くのである。何故そうなるのかといえば、分別を越えて「すなおな心」に帰したからに他ならない。そのような心に帰ると、己の真底よりつき動かす力を真受けにするのである。その力は己を生かす力であり、力の湧き出てくるまま、「生かされるまま」に生きるのである。「生かされる」と表現すると受動的に聞こえ消極的な生き方のように感じるが、その実はまったく逆であり、生きる力が全開する世界がそこには明らかになるのである。

理屈を越えて「すなお」に帰るとは有り難いことだ。お釈迦様はその世界を、「南無阿弥陀仏」という六字の名号によって説かれた。すなわち「南無阿弥陀仏」とは、人をして「すなおに帰れ」という如来の呼び声に他ならない。

如来の声なき声が己に聞こえるとは、その心が私に至り届くのである。この世界は、如来を向こうに置きその心を己が信じるかどうか、という次元のことではない。もしもそうであるならば、私が中心で信ずるのである。私が中心であるならば、必ず私の分別が混じり判断が入る。己の判断が入る「信」は理知的である。「理知的な信」であるならば、頭の良い人ほど立派な「信」をつくり上げることとなる。如来の声なき声が聞こえてくるとは、それとはまったく逆で、私に一切の用事はない。私の分別が無くなり「すなお」になるところに「あるがまま」たる如来の心が「そのまま」入ってくるので、この世界を「信心をいただく」あるいは「他力の信心」と昔の名僧は表現された。己がつくったものではないので、聖人も凡人もこの信心は等しく一つである。

「他力の信心」が己の心に宿るところに、人間としてかかえている根本矛盾から解き放たれ、分別を越えて湧き出てくる無上なる力を我が身に味わうのである。ここにわれわれは、人間としての「立つべき原点」を獲得《ぎゃくとく》することとなる。

智慧の眼

自己を知る

「南無阿弥陀仏《なもあみだぶつ》」と口に出して称えることは難しいことではない。まことに簡単なことである。ゆえにこれは「易行《いぎょう》」といわれる。しかしその本当の心が己の心に宿ることは、非常に難しい。長年の分別が積もり積もるとなかなかそれらが捨てきれず、「すなお」に帰ることは困難であるからだ。しかし「すなお」に帰るところにいかに広大にして偉大な世界が開けるかは、右に少しばかり述べた。「ローマは一日にして成らず」と言われる通り、「他力の信心」が己に至り届くにしても同じような事である。それなりの道を踏まねばならぬ。

「この道を行けば必ず阿弥陀仏の救いに出会える」というような道はない。しかしそこに近づく上で大切にせねばならぬ道はある。それは己自身を振り返る道である。

己を科学的に見て行くことは、簡単そうで難しい。現代人は人間以外ならば科学的に見ることができやすいが、こと人間となると非常に不得手である。ましてや己自身となると、尚更のことだ。しかし己自身を知り人間そのものを知ることは、きわめて大切なことである。人間とはいかなる存在であるかを知らずして社会主義思想を構築し国家をつくったばかりに、その犠牲として何千万人という人が殺され、その何倍にものぼる人たちが精神的・肉体的に苦しんだという歴史事実からも、それは理解されるであろう。国だけではない。足下の自分自身の生活を築き上げて行く上でも、己を知らねば同じようになる可能性が高くなる。

人間ほど欲の深い生き物はいないし、人間の心ほど醜いものもない。そう言ってよいほど人間は欲が深く、心は汚いのである。しかし愛・平和・幸福などという美しい言葉を耳にすると、いとも簡単に人間の欲の深さや心の醜さが見えなくなってしまう。「世界は皆兄弟、みんなで一つの家族になろう」などと聞かされると、「その通りだ、皆が仲良く手を握り合えば戦争をすることもない」と考え同調する人はたくさんいる。しかしそんな人が、隣のたった一人の人とさえ仲良くできぬのことはよくあることだ。隣の人とさえ仲良くできなくて、どこに世界は皆兄弟の世の実現があるであろう。立派な目標を持つことはけっこうなことである。しかし、まず足下を見ねばならぬ。

「この乱れた世の中をあらためねばならぬ」と考える人もたくさんいる。しかしその乱れた世の中とは誰か他の人がつくったわけではない。己の心がつくったのである。しかしそれを自覚する人も非常に少ない。なかには悪魔がそうしたとさえ信じている人たちがいる。そんな人たちにある時尋ねてみた。「悪魔が世の中を悪くしたというが、実際にしたのは人間である。いったい悪魔が人間をどのように行動せしめたのか。今のあなたの行動は神の意志なのかそれとも悪魔の心なのか」と。そう聞くと、答えはまったく返ってこなかった。己自身の足下に眼《まなこ》を向け、そこから物事を考えて行こうという姿勢に欠けるのである。

科学的と自認しその眼を大切にする現代人が、己に対してはいかに非科学的な眼を持っているか、ここに若干の例を示すこととする。また真の救いに出会うのにいかなる眼が大切であると思われるか、それも加えて述べることとしたい。

現代人の眼

ある人と話をしていると、その人は言った。

「私は自分のことは自分でしますから、神や仏にお参りはしません」と。

このようなことを言う人は少なくないものである。そのような考えに対しては、

「それはけっこうなことです」

と、こちらも同意したい。

人間の世界は基本的に甘えてはならぬし、「自分のことは自分でする」、これが基本である。もちろんわれわれは一人ですべてをしているわけではなくたくさんの人たちの力を受けてはいるが、この基本を忘れてはならぬ。

「自分のことは自分でしている」という思いが強ければ強いほど、他に頭を下げぬ、という行動となって出てきているはずである。しかし世の中にはおかしなことをする人がいるもので、今でもまだ続けている所があるが、稲刈りが終わると農家の人たちは、新嘗祭という行事を昔はよく営ん

だ。その年にとれたお米を神様にお供えし感謝をする儀式である。仏教徒の中には、今でも新米は自分が食べる前にお仏飯として仏前にお供えし、毎日朝炊くご飯も、同じように仏様にお供えして、それからいただく人が多くいる。会社勤めの人の中には、今でこそ給料は振り込みであるが一昔前までは給料袋であったので、その給料の入った袋を仏前にお供えし、それから封を切ってつかう人がいた。自分が汗水流して作った米であり貰った給料であるのならば、一番の中心は自分であるはずだ。にもかかわらず神仏にお供えしてからいただくのである。

ある時テレビに出演していた医者がこんな事を言っていた。

「この頃の若い医者の中には医学が病気を治すと思っている人が多いですが、それは間違いです。病気を治すのは自然治癒力です。それがうまく働くように仕向けてやるのが医学の仕事なのです」と。

こちらは頷いて聞いていた。確かにその通りであろう。医学はまったくわからぬが、農家の人が野菜を育てるその仕方を見ていると、肥料を与えたり消毒をしたり水をやったり、たまには逆にそれらを与えなかったりと、人間が子育てをするのと非常に似ているように思われる。あまり肥料を与え過ぎても消毒をし過ぎてもよくないので、農民は経験上から、適度に処置をする。そのやり方を間違えると、野菜は充分には育つものではない。農民がすることは、いかに野菜に上手に手を添えるかである。野菜自体にもともと育つ力が与えられているからこそ、農民の手の添え方で出来不出来が決まるのである。農民は充分にその事を身で知っているからこそ、たとえ自分が汗水流して努力し作った野菜でも、初物は神仏にお供えしてからいただく心を持っている。野菜がうまくできたということは、手の添え方が上手だったという事に他ならない。

人間ではいかがであろうか。

親が子供に願う事は、まずもってその子供が独り立ちする事である、順番からすると親が子供より先にこの世を去る故に、親がいなくなっても、また親の元を去っても一人でやっていけるように、親は教育を施すのである。努力すること、我慢すること、人間の醜さ、心の汚さを知る事などを子供に植えつけようとする。したがってわれわれが誰にも甘えず己の事は己でできるようになったならば、まずもってそうなるように手を添えてくれた親に感謝せねばならぬ。

しかし自分の事は自分でするると豪語し神仏に頼みなんかするものかと威張っていた人がいったん迷いに入ると、いとも簡単にまともに物事が見えなくなってしまう例がよくある。

卑弥呼《ひみこ》とは、中国の「魏志倭人伝」に記録されている、三世紀の日本の邪馬台国を治めていた女王である。独身で鬼道をよくしたということから、シャーマン的要素を持つ女性であったと言われている。シャーマンとは呪術を行う人のことであり、占いにより神の意志を伝える人でもある。卑弥呼はそのシャーマン的女性であり、国家の運命を左右するような重大時に神意を伝えたのであった。このような宗教形態をシャーマニズムと呼んでいるが、このシャーマニズムは『広辞苑』では、「未開宗教の一つである」とされている。一人の超能力を持つと思われる人間が神の意志を伝える形態が「未開宗教」と呼ばれる謂われであろうが、「未開」ということは「野蛮」という事であるし、「程度が低い」という事でもある。このような見方をするのが「程度が高い」と自認する現代人であるが、その現代人の宗教心はいかがであろうか。

統計によると、最近の若者には神秘を信ずる人が多いそうである。神秘を信ずるということは、因果の道理を否定することである。それはそのまま科学性の否定でもある。万物の霊長と自負している人間をして、このような精神状態にせしめているのである。現代のシャーマニズムに心を傾けているその多くは、このような人たちなのであろう。

この現代に「天の声」「神の意志」を伝える新興宗教が、どれほどたくさんあるであろう。なかには「自分は神の生まれ変わりである」と公言する人までいる。生活の中で病気に冒され家族問題で苦しんだ人たちが、これらシャーマンに金をかけ時間をかけて道を尋ねに行くのである。「未開」と馬鹿にした宗教形態に多くの人が傾いているというのは、いったいいかなる事であろうか。おそらく、科学は進歩しているが人間の原点は大昔と何ら変わっていない、という事のあらわれであろう。

エホバの証人

他の宗教のあら探しをするのは、自分自身が好きではないし、積極的にすべきことでもない。しかし目に余る言動を繰り返すようならば、その限りではない。

ここに紹介するのは、『エホバの証人』（ものみの塔聖書冊子協会）である。中身はわからなくても、名前ぐらいは多くの人が知っていることであろう。大蔵出版社刊『新宗教時代』の中の「エホバの証人」は、元その信者でフリーライターである大泉実成氏が執筆しているが、その記述を中心とし、またその記述を元にして同協会の日本支部に直接電話をして確認し、加えて自分自身がその協会のたくさんの信者と話をし学んだ事をつけ加えて述べることとする。これを元にして、現代人のものの見方を検討していただければと思うからである。引用はすべて大泉氏の引用したものを用いた。

初代チャールズ・テイズ・ラッセル

まず、この宗教が何時、誰により、どこで始められたかであるが、創始者はチャールズ・テイズ・ラッセルといい、彼は一八五二年二月十六日にアメリカのペンシルバニア州アレゲニー市で、ジョセフ・ラッセル夫妻の次男として誕生した。子供の頃から両親の通っていた長老派の教会に縁があり、

自分の予知力をはたらかせ、永遠に苦しむべく運命づけられた人類を創造することにその力を注ぐような神は、賢明でも公正でも愛情深くもありえない。その標準は多くの人間のそれよりも低いことになる。（大泉）

という批判的な考えを抱きながらも、それでも神を捨てきれず、ある時キリスト再臨主義者ジョナス・ヴェンデルの説教を聞くことにより、聖書は神の霊感による著作であると確信し、会社を辞めて各地に伝道するようになった。これが始まりである。

今までに出た多くのキリスト教思想の中でラッセルの教理が生き残り今日のような発展を見た真の理由について、大泉氏は「彼が実に多くの予言をした男であったからではなかろうか」と述べている。

彼のハルマゲドン（世界最終戦争）の預言は、信者たちの危機感と恐怖心をあおった。その恐怖心は〝伝道をしなければハルマゲドンに生き残れない〟という切迫した使命感を信者に与え、布教への大きな動機づけになっていったのである。以来、エホバの証人の組織は、ラッセルの死後も、会長がかわるたびに習い性のように預言をしていった。そしてラッセルの預言がはずれたように、彼らもハルマゲドンの預言をはずしつづけているのだ。（大泉）

と述べているように、初代から今に至るまで、予言をしてははずれる事の繰り返しで来たというのである。

一八九二年一月十五日号の『ものみの塔』誌でラッセルは、

その戦い（ハルマゲドン）の終わりは、一九一四年の十月として聖書の中に明らかに示されている。戦いは既に進行中であり、その始まりは一八七四年の十月からである。

と明言し、一九一四年に異邦人の支配が終わり神の国が到来すると予言した。またその年には既成キリスト教会が崩壊するとも予言したが、その運命の一九一四年になっても神の王国は到来せず、既成教会も崩壊することなくぴんぴんしており、逆にラッセルは非難されるのである。信者たちの悲嘆はひどかった。

一九三三年のものみの塔刊の『光』にはこう記されている。

其の年（一九一四年）が過ぎ去った時に、其処には多くの失望落胆と無念と悲嘆とあり、其の時に神の民は甚だしき誹謗《ひぼう》を受けたのである。彼等は教会制度の教職者や其の仲間から嘲《あざけ》り指さされた。何故ならば彼等は一九一四年の年と、其の年に何事が発生するかに就いて余りにも多く語ったにもにも拘わらず、其の年には彼等の為した「預言」が成就しなかったからである。

ところが、信者たちはめげてもラッセルはそうではなかった。一九一四年は第一次世界大戦が始まった年であるので、彼はこれ幸いとばかりに、第一次世界大戦がハルマゲドンである。既成キリスト教会は神によって一九一八年に破壊される。

（『ラッセル牧師の説教集』）

と予言したのだ。しかしその一九一八年になっても予言は成就せず、再び信者は失望し嘲笑を浴びる事となった。しかし幸いな事に、ラッセルはこの二年前すでにこの世の人ではなくなっていた。彼は一九一六年十月三十一日、伝道旅行中の列車の中で心臓発作を起こし、テキサス州パンパで死亡していたのである。享年は六十四歳だった。大泉氏は言う。

そんなわけでラッセルは亡くなったが、一九一六年、第一次世界大戦の継続中に死ねたことは彼にとって幸せなことだったかもしれない。彼の死後、既成キリスト教会が崩壊すると預言された一九一八年が過ぎた時、もう一度信者たちは「失望落胆と無念と悲嘆」にくれ、「嘲り指さされ」ることになったからである。

二代目ジョセフ・ラザフォード

ラッセルの死後会長になったのは、ジョセフ・ラザフォードであった。彼は弁護士であり、協会の法律顧問をしていた。彼はさまざまな形で初代のラッセルを批判し、ラッセルがあれほど思いを入れていたエジプトのピラミッドによるハルマゲドンの年代計算を、「悪魔崇拝」と決めつけたのである。今日使用されている「エホバの証人」という名称を採用したのもラザフォードの時代の、一九三一年のことである。そしてラザフォードもラッセルと同じように予言を繰り返した。

彼はアブラハム、ヤコブ、ダビデら旧約聖書の聖徒たちが、一九二五年に目に見える形で、しかも完全な人間として復活すると述べた。その上、この人たちのために豪邸まで用意したのである。当たり前の事だが、もちろんこの人たちは復活しなかった。当時のことを『エホバの証人の年鑑』は次のように書いている。

一九二五年となり、その年は過ぎました。しかし、イエスの油をそそがれた追随者たちはひとつの級《クラス》としてなお地上にいました。また、アブラハム、ダビデほか昔の忠実な人々は、復活して他の君たちになってはいませんでした。その時の様子をアンナ・マクドナルドは次のように回顧しています。「一九二五年は多くの兄弟にとって悲しい年でした。希望がくじかれたために、ある人々はつまづきました」

またしても信者たちは悲嘆にくれた。このような結果が出ても再び予言を繰り返すのであるから、この教団はおもしろい。

ラザフォードは『ものみの塔』誌の一九四一年九月十五日号で「ハルマゲドンの前の残された数ヶ月の間に」という表現を使い、ハルマゲドンが一九四一〜四二に起こることを示唆した。同時期に出版された『なぐさめ』誌上で「第二次世界大戦はハルマゲドンの戦いにつながる」と述べている。しかし彼は自ら予言したハルマゲドンの成就を見ることなく、一九四二年一月八日、カリフォルニア州ベス・サリムでこの世を去った。七十二歳であった。もちろんその後予言はまたしてもはずれるのであるが、初代のラッセルと同じようにその悲惨な結果を見ることなくこの世を去れたということは、彼にとっても幸せな事であったろう。

三代目ネイサン・H・ノア

ラザフォードの死後、副会長であったネイサン・H・ノアが三代目の会長となった。ノアは国内だけではなく、海外布教にも本格的に着手した。

エホバの証人の信者が頑《かたく》なに輸血を拒否するというのはよく知られているが、その教義が確立するのは、この三代目ネイサン・H・ノアの時である。初めから輸血を拒否したのではないということは注目すべきことであるし、しかも以前には輸血を認めていたらしいのである。協会が血液に関する問題を初めて取り上げたのは、ラザフォードの時代、一九二七年のことである。

『ものみの塔』一九二七年十二月五日号では「神は、ノアにすべての生き物は彼の食物となるが、命は血にあるから血は食べてはならないと言われました」と述べている。ここに書かれている見解の根拠は、創世記九章三、四節である。ノアの大洪水の後に、エホバ神はノアとその家族にこう命じている。

生きている動く生き物はすべてあなた方のための食物としてよい。緑の草木のように、わたしはそれをすべてあなた方に与える。ただし、その魂すなわちその血を伴う肉は食べてはならない。

これを拠り所として一九二七年の時点では血を食べる事はハッキリと禁じられていたが、血を受ける事が血を食べる事と同じかどうかは、この時にはまだ明確にはされていないようである。大泉氏は述べる。

なぜこのように（血を食べる事と輸血が同じ事かどうかについては、どうも協会の見解がハッキリしていなかったようであるということ）断言できるかというと、血が初めて問題になった一九二七年から輸血拒否の方針が明らかにされた一九四五年までの間に、協会の『ものみの塔』などの雑誌で、何度か輸血に関して肯定的に書かれた記事が発表されているからだ。例えば、『なぐさめ』一九四〇年十二月二十五日号では、家庭の主婦が誤って銃で自分自身を撃ってしまうが、自らの力で病院に急ぎ、九五〇ccの輸血をして助かった、という話が肯定的に書かれている。

「緊急時にあたった医師たちは、約九五〇ccの輸血をした。そして今では、その女性は生き延びて、彼女の人生の中で最も忙しかった二三分間について、快活に笑みをさえ浮かべている」

(『なぐさめ』一九四〇年十二月二十五日号)
そんなわけで、血に関する記事が初めて出た一九二七年から十八年間、協会は輸血拒否を打ち出すどころか、むしろ肯定的でさえあったわけである。たぶん血を食べる事と輸血が同じかどうかについて、様々な見解の中で揺れていたのであろう。こんなふうにフラフラしていた協会の見解が、どうして一九四五年になって明確な輸血拒否へと動いたのだろうか。

輸血拒否の教義が初めて発表されたのは一九四五年七月一日号の『ものみの塔』誌上である。組織の拡大のために辣腕《らつわん》をふるったノアが、トップに立って四年目のことであった。現在エホバの証人の「看板」となっているこの教義は、実はラッセルが『ものみの塔』誌を発刊してから、実に六十六年後に初めて打ち出されたものなのである。この事実を現在の多くの信者は知らない。こちらが教えようとしても、まったく聞こうとはしない。「初めから輸血は拒否していた」と信じるのは個人の勝手ではあるが、歴史的事実はそれとして認めねばならぬ。それを認められぬのなら、単なる盲信か狂信でしかない。

何故これを教義とせねばならなかったかという明確な証拠はないが、想像できる事は、教団が拡大をする中で、使徒行伝の十五章二十七節にある「血と、絞殺したる物と、淫行とを避くべき」という聖句を解釈する上において、どうしても輸血拒否を教義とせねばならなくなったようである。

創始者ラッセルが「聖書が神の霊感による書物である」と信じ、その一字一句を真理であると考えた事からすると、この教義は当然の帰結とも言えるであろう。

この協会は神による人類創造の年を紀元前四〇二六年としており、創造より六〇〇〇年を過ぎるとイエスの千年王国となると言ってきた。したがって、当然その前にハルマゲドンが来なくてはならないのであり、一九七五年がちょうど人類創造から六〇〇〇年にあたるので、この年の初秋にハルマゲドンが来ると、三たび予言することとなる。

筆者が大学へ入学したのは一九七二年である。新入生歓迎の一つの式典の席で教授より『ノストラダムスの大予言』の事を耳にしたが、五島 勉の書いたこの本は翌年ベストセラーとなり、そこに説かれる強烈な終末感がハルマゲドンの予言と重なり、大きく当時に影響する事となった。信者の中にはそれを信じたばかりに、高校に進学せずそのまま伝道生活に入ったり、会社をやめアルバイトをしながら伝道するようになった人たちもいた。ジャーナリストの江川 透氏によれば、この他にも「転職した者、結婚を延期している内に破談になった者、決まっていた就職をキャンセルした者、病気の治療が遅れて命を落とした者」などがいるそうである（『創』一九八七年十月号）。

ハルマゲドン予言がいかに影響を及ぼすかは、その信者数の伸び率に顕著に出ている。

一九六六年に一一五万人になった信者は、その後毎年一〇％に当たる一〇万人ずつ数を伸ばした。そして一九七三年には約二〇万人が、ピークにあたる一九七四年と一九七五年には、約三

「エホバの証人」日本支部（神奈川県海老名市）
『新宗教時代４』大蔵出版刊、より転載

〇万人ずつが新しく信者になっている。一九七五年の信者数は約二〇六万人。「一九七五年ハルマゲドン説」が出た一九六六年から、約百万人信者を増やしたことになる。つまり信者はこのハルマゲドン説によって、文字通り「倍増」したのだ。（大泉）

ここまで大きく人の心を動かしたハルマゲドン説ではあったが、しかし、しかしである。一九七五年は何事もなく平穏無事に過ぎ去った。その翌年も、その次の年もである。世界中のたくさんの信者に、協会に対する絶望感が広がった。信者たちの不満は世界中で爆発し、ウッド氏らの計算によれば、この時期に、四人に一人が協会を離れたという。

信者たちからの批判や責任追及の声を、しかし、エホバの証人の首脳部はすべて黙殺してしまった。それどころか、批判者を「背教者」として、会衆から追放してしまったくらいだ。責任問題に至っては「特定の日だけに注目して失望している人は、自分を欺いて自分を落胆させたのが神の言葉ではなく、自分自身の理解が間違った根拠に基づいていたためであることを悟り、自分の見方を今調整することに注意を注がねばなりません」と述べ（『ものみの塔』一九七六年十月五日号）、七十五年説が間違っていたのは、信者自身の理解が足りなかったせいだ、などと言い出したのである。『ものみの塔』や『神の自由の子となって享ける永遠の生命』で、あれほどはっきりと「一九七五年秋に人類創造の六〇〇〇年が過ぎ、イエスの千年王国がやってくる」と書いたのは、どこの誰なのか。これでは世界中の信者が怒り狂うのは当然である。ウッド氏の試算が正しければ、一九七〇年代に、約七六万人の信者が協会を離れたことになる。

（大泉）

ハルマゲドン予言は一九一四年、四二年、七五年でほぼ三〇年周期であるが、協会はこの終末予言によって信者数を伸ばしてきた。予言をすればはずれるし、といって予言をしなければ信者数は伸びずという矛盾する姿を呈してきたこの協会は、最近になり、これらの矛盾を克服する方法を編み出した。四度目の、実に巧みなハルマゲドン予言をぶちまけたのである。今までのようなハッキリとした年を明言せず、「近いうちに来る」と断言した。「近いうちとはいつか？」「二年後か？

三年後か？」はたまた「十年後か？　百年後か？　千年後か？」と聞いても、すべて可能性があるそうである。協会も初めからこのように予言しておけば、さまざまな問題を起こして苦しまなくてもよかったであろう。

数年前神奈川県海老名市にある同協会日本支部に直接電話をし右に述べたことを確認してみたが、応対した職員はそれを認めぬだけではなく、本人の名前を何度こちらが聞いても明らかにしようとはせず、それでは日本支部の代表者あるいは教学担当責任者の名前はと尋ねても、同じようにまったく答えることはなかった。人の名を一切教えぬのは、責任が本人に及ぶのを怖れているとしか思われぬ。そういえば同協会の信者が持ってくる『ものみの塔』等の冊子には、代表者の個人名もまた発行元の住所も電話番号も一切書いてはいない。これは自分たちが言っていることに対して責任を持とうという態度ではない。初めから逃げているのである。今までの歴史からするとそれも仕方のないことではあるが、こちらがどうしても理解できぬのは、協会の過去を知ろうともせずまた現在のこのような姿勢をも認めようともしない上、協会にまことに都合のいい予言をいとも簡単に鵜呑みにしてしまう、自らを科学的であると自認する現今の人たちの、その頭脳である。

表と裏

あれは一九七〇年の一月末か二月初めの、大寒の北海道函館でのことであった。高校一年生の私はその日学校が昼で終わったので、早めに帰宅し簡単に昼食をすませた後、石炭ストーブの横で背中をあぶるような格好で毛布をかぶり昼寝に入った。どのくらい時が経った頃であろうか。私の名を呼ぶ声が夢うつつにかすかに聞こえてきた。気持ちのよい午睡の中で、初めはその呼び声が子守歌のように聞こえていたが、次第にそれが現実化し、ふと我に返り目を覚ました。気がつくと背中越しにストーブの反対側から、誰かが切羽詰まった声で、必死に私を呼んでいるのである。身を起こして振り返ると、その声は祖母であった。座ったまま胸を押さえ、苦しそうな表情である。おそらく私が目を覚ますまで、何度も何度も助けを求め続けたのであろう。動こうにもそれさえできず、ただ孫の私の名を呼ぶことぐらいしかできなかったのである。「どうしたの？」と聞くと、息が絶え絶えになりながらも、「医者を呼んでちょうだい」と言うのである。私は特別慌てなかった。

何故なら、そのようなことはそれまでにも二度あったからである。初めの時は驚いたが、その時も二度目も、ほどなくして苦しみはなくなり、安静を回復したからである。今回もそんなもんだろうと思ったので、まずは蒲団をとり、祖母を抱きかかえてそこまで運び横にしてから、寒くないように上から毛布と蒲団を掛け休ませた。まだ苦しみはしていたもののすぐ良くなるだろうと思ったので、部屋の障子を閉め医者に往診依頼の電話をし、ちらかった茶の間の片づけをすることにした。間もなく隣の部屋が静かになった。良くなったのだと思い、私は安心した。そこへ母が外の用事から帰ってきた。事の次第を告げると、あわてて障子を開け祖母の横になっている部屋へ飛び込んだ。私も後からついて行った。

枕元に座り込み祖母の顔を覗き込むと、良くなるどころか、先ほどよりさらに状態は悪化していた。静かになったのは、安静を取り戻したのではなく、声さえ出すことができなくなっていたからであった。どうなるのだろうかとおどおどして見ていると、祖母は苦しさの中から、手も使わずに入れ歯をガバッと音を立ててはずし、口外へ出した。目がくぼみ皺だらけの顔に歯だけが大きく外に出た姿は、まるで生きた骸骨のようで気持ちが悪かった。それが残された最後の力だったのかもしれぬ。続けてピクッ、ピクッ、と二〜三回顔がかすかに動いたかと思うと、それっきりピクリともしなくなった。隣の茶の間にはストーブが焚かれて暖かかったが、祖母の横になっている部屋には昔のこと故、暖房器具一つさえ置かれてはいなかった。しかし祖母のその異常な姿に、私は寒さを忘れて見入っていた。動きがまったく無くなったところで、「もしかしたら死んだのでは？」という思いがわいてきた。母も同じであった。慌てて母は隣室の電話に飛びついた。母の「死んだのかもしれません」という慌てふためいた声に医者もビックリしたのであろう。すぐに看護婦一人をつれて駆けつけて来た。医者は祖母の脇に座ると、前屈みになり腕を伸ばして、閉じていた瞼《まぶた》を左の手の指で上下に大きく開き、小さな懐中電灯をつけ、祖母がまぶしさで耐えられぬのではないかと思われるほどに近づけて目の中を覗き込み、それがすむと胸に聴診器をあて体内の音の有無を確認すると、静かな声でおもむろに言った。

「残念ですが、ご臨終です」

人が亡くなると親戚縁者が駆けつけて来るのは、どこの家でも同じである。連絡を聞いて真っ先に駆けつけて来たのは、近くに縁づいていた祖母の娘であった。次には寺の総代・役員たちである。亡くなったのが午後であったのでその夜は仮通夜となり、茶の間と祖母が横になっていた部屋が二間続きであったので、そこがひとまず式場となった。二間続けても十六畳であったし、十畳間の真ん中近くに石炭ストーブがあり、その前には炉が切ってあったのでそれほど広くはなかったが、弔問に来た人たちのお参りする中で、その夜読経の声が流れた。二日目はさらに弔問客が多くなった。本堂には大きな荘厳壇が作られ、祖母の遺体はそこへ移された。その夜が本通夜で、本堂に入りきれぬほど人が集まり、お寺さんもたくさん来た。皆黒ずくめである。立錐《りっすい》の余地もない人込みの中でいざ式が始まる段になると、言い合わせたように皆口を噤《つぐ》み静まりかえった。色衣《しきえ》に身を包み五条袈裟をかけた僧侶が三人、荘厳壇の前に座った。合掌礼拝の後大磬《だいきん》の音が二度、静けさを打ち破るように鳴らされた。荘厳壇の前の三人に黒衣《くろごろも》を身につけた僧侶があわせ、本堂いっぱいに重々しい読経の声が鳴り響いた。読経が終わると真ん中の僧侶が皆の方に向きを変え、合掌して聖句を唱えた後、ゆっくりと落ち着いた調子で法話を始めた。高校生の私にはよく理解できなかったが、重々しい雰囲気をさらに重々しくするような、威厳に満ちた態度に見えた。

厳かな通夜は、その後ほどなくして終わった。緊張の糸が解れ普通に戻ったが、どうも解せぬのがこの私であった。祖母が死んだという実感がわかなかったからである。医者が死んだと言ったのだから死んだことは間違いないことであるが、呆気にとられるほど簡単に死んでしまったことから、その簡単さと通夜の場の厳粛さが、どうもうまくかみ合わなかったのである。通夜と葬式は普段には見られぬ厳かな場であり、それまで何度か見てきたその場の雰囲気からすると、高校生の私は、死とは重々しく厳かな出来事であると、無意識のうちに思っていたのである。しかし現実は、「これで本当に死んだのか？　人の死とはこんなに簡単なことなのか？」と思われるほど、まことに呆気ない出来事であった。しかしその簡単な出来事は、次の日を迎えると、生と死の意味を真剣に考える事になる重大な契機へとつながっていった。

本通夜の翌日火葬することとなった。その頃函館では火葬場に専用の送迎バスがあり、それで棺が運ばれ、遺族が送迎されていた。そのバスはそれまでも町の中でたまに見かけることはあったが、市営の路線のものとは違い、塗装の光沢の褪《あ》せた使い古したようなバスで、これぞ火葬場行きのバス、これに乗れば二度と人間界に戻って来ることができぬのではなかろうかと思わせるような、見るからに気持ちの悪いバスであった。そのバスが迎えに来るのであろうとは思っていたが、思いに違わずそのバスが、向こうの方から寺の狭く長い参道を、雪に足を取られでもするように車体を左右に揺すりながら、境内の方へゆっくりと向かって来るのが見えた。地獄へ直行するバスが、祖母ではなくこの私を迎えに来たような気がして、背筋に寒気が走った。狭い境内に到着すると方向を変えんがため、門徒の人が二～三人前と後とで誘導した。バスがようやく止まった。中から運転手が降りてき最後部の左側面のノブを回して引くと、小さな扉が開き、中に暗い胴長の空間が見えた。そこが棺を入れる場所である。本堂に安置してあった祖母の棺が数人の男の人によって運び出され、雪の中を十五メートルほど歩いてから、その暗い穴の中へ押し込まれた。

運転手が扉を閉めロックすると、次は生きた人間の番である。父と母が先頭でバスに乗り込めば周りもそれに従ったであろう。ところが当の本人たちは家の中で忙しそうにしており、出て来るには時間がかかるようであった。ならば長男はと思うが、これまたバスのドアを開けようとはしなかった。祖母の棺は納められたもののドアは閉まりっぱなしで、誰も乗ろうとする気配はなかった。それはそうであろう。誰をも率先して乗ろうという気を起こさせぬほどの、薄気味悪いバスだったのだからである。「早く乗って下さい」という声がかけられたが、こちらとしても先頭切って乗る気持ちにはなれなかった。ドアの近くにいると急かされるので、少し離れることとした。皆が乗ってからにしようと思ったのである。数分も経ったであろうか。足の裏に冷たさを感じるようになってきた。氷のようになった根雪の上に長靴一つで立っているのであるから、それも仕方がない。冷たさを少し和らげようとして、その場で私は足踏みを始めた。両手は毛糸の手袋の上に革手袋をはめたまま、厚手のジャンパーのポケットにそのまま突っ込んでいた。人間の身体とは、暑い時には開いてくるが、逆に寒い時には縮こまってくるものである。両腕は上半身を絞るような格好となり、背中は自ずと丸まった。真っ白な息が盛んに口元から出た。外気に晒された耳と頬を、冷気が容赦なく突き刺した。寒さは動いている時より何もしていない時の方が余計に強く感ずるものである。ましてや大寒の北海道であった。身に次第に凍み込んでくると、少しでも温もりのある方へと心も体も動いて行く。薄気味悪くともバスはバスである。

その中へ入れば少しでも外気から逃れられ冷気を遮断する事ができるのである。私の身体は無意識のうちにバスの方へ動いていた。ドアの近くまで来たが、そこで再び足が止まった。中へ入って少しでも冷気から逃れようという心と、怖じ気からくるそれを押し止めようという心の葛藤が出て来たのである。誰かが押し込んでくれればよかった。しかし、そんなことをしてくれる人のいるはずがない。肌を突き刺すような木枯らしの吹く中、寒さをこらえて足踏みしながらドアを見たり横に目を向けたりしていると、門徒の人が「あなた早く乗りなさい」と声をかけドアを開けてくれた。それを待っていたのである。しかし待っていたことに気づかれれば調子が悪いので、わざと仕方なくするような素振りで、ゆっくりと乗り込んだ。中へ身を入れると、十センチ幅ほどの長い汚い木の板を縦に敷きつめただだっ広い床が目に入った。色の褪せていたのは、外の塗装だけではなかった。内部もすべて薄汚れた色であった。座席にいたっては、初めの頃にはあったであろうクッションが、長年使われ続けたせいかほとんどきかなくなっており、上のシートは、ザクロのようにパックリと破れた物が数多くあった。バスの真ん中は泥の色に変色した木の床だけでがらんとしており、座席は窓にへばりつくようにあった。一人掛けが多く、二人掛けは後部の方に少しあるだけであった。外の寒さに比べれば中は確かに温度は高かった。しかし、マイナス十度がマイナス五度になったとて、それほど変わるものではない。そのくらいの温もりでしかなかったのである。室温は外より少し高くはあったものの、内部のすさんだ有り様は、私の心をして再び寒からしめた。人がたくさん乗っていればまだ温もりはあったであろう。しかし私が乗り込んだ時には、見渡すと、寺の総代が後部の方にポツリと一人座っていただけだったのである。私はその人の方へ進み、近くに座った。総代が声をかけてきた。「みんな遅いねえ。俺は早く来たんだけど、ほかの人たちがなかなか乗って来ないんだよ」。私は「はい」と言って頷いた。私が座席に腰を下ろすと、少し経って家族や親戚が乗って来た。皆が揃うと人の温かみが伝わってきて、心の寒けは少しばかり和らいだ。

バスがクラクションを鳴らした。出発の合図である。それに合わせるように、外で見送る門徒の人たちが、バスに向かって手を合わせ、皆一様に頭を下げた。向かうのは、どこに在るのかさえ私にはわからぬ火葬場である。その現実にクラクションの音で心の目が覚め、再び私の背筋に寒気が走った。

多くの人が乗ったわけではないが、そこそこに座席は埋まっていた。前後左右の人が思い思いに話し合うのを聞いていると、次第に薄気味悪さも忘れてきた。バスは函館駅前の方へ向かった。そこはデパートが三軒ある市内の中心部であり、子供の頃は市電でそこへ行くことが何よりの楽しみであった所である。その繁華街を抜けもともとの函館の中心部であった十字街をも過ぎさらにしばらく進むと、山の方へ車は登り始めた。路面は踏み固められた雪であり、チェーンをはめていても、バスはなかなかスムーズに登れるものではない。

雪道の場合、登るのも大変であるが、下りはさらに危険が伴うものである。ブレーキをかけても止まらない事が多いからだ。雪ですべりながらもバスは進んで行った。進むにしたがって道行く人の数が減って来、次第に店の姿も見られなくなってきた。人家はまだまだあったが、文字の書かれた看板も見られなくなり道が次第に狭くなってくると、暗さが増してきたような気がした。するとバスは狭い路地のような所へ入って行った。家と家にはさまれた暗く狭い道を進んで行くと、前方がトンネルの口が開けるように明るくなっており、そこまで行くと、急に視界が開けてきた。目をやると人の住みそうな家はまったく見られず、そのかわりに視界に入ってきたのは、死んだ人たちのたくさんの家々であった。寒風に吹きさらされ、冷えきった雪に覆われた大小さまざまな墓石の暗く林立する有り様を見て、私は一瞬身震いした。山の斜面を利用した広大な墓地である。夏ならば緑が繁り花が咲いて心に温もりを与えたかも知れぬが、時期が時期だけにあたり一面は凍えたような雪に覆われ、暖かさの一かけらもなく、人がお参りした形跡すらまったく見られず、あたかも人間界から見捨てられたような姿に映った。その墓地の真ん中についている狭い舗装せぬ道を、バスは行かねばならぬのである。墓地の位置している所は、海抜七〜八十メートルはあったであろう。夏ならば、飛び込みたくなるような函館湾の青い海が眼下に広がるのかもしれぬ。

しかしその時はまったく逆で、今にも凍りつくような海水が波しぶきを上げながら岩にぶつかり、大きく四方に散って行くのがはるか下方に見えた。どこを見渡しても心の暖まるもの一つさえない光景を前にし緊張した私は、「俺も死んだらここに来ねばならぬのか!」という思いに襲われ、背筋が「ゾーッ」とするのをおぼえた。しかし墓ではあっても、あるうちはまだよかった。そこを過ぎると、墓さえまったくなくなってしまったのである。いったいどんな所へ連れて行かれるのかと思うと、私の心は尋常ではなかった。狭い道は軽い上り坂にかかった。道は左にカーブし始め、それにそって進んで行くと、少し上の方に建物らしきものが見えてきた。小学校の分校でもあるのかと思われた。近づいて行くと、平屋の建物である。バスはその建物の前で止まった。一時停止か何かそこに用事でもあるのかと思いきや、そこが火葬場であった。外壁は下から上まで横板がよろい張りに張ってあり、表面には薄桃色のペンキの色が汚く残っていた。二十年かあるいは三十年以上も塗装をしていないのであろう。ペンキがいたる所で剝げ落ち、残った部分は雲母のように小さく分かれてその上ピラピラとめくれ上がり、陽に焼けた木肌は汚く露わになっていた。窓を通して見た火葬場はそれらしくなかったので少しは安心したが、そうではあったもののバスを降りるとすぐに、そこはただの娑婆の世界とはまったく別の世界であることを痛感せしめられた。骨の臭いというのか、肉の臭いというのか、あるいはなま物を焼く臭いというのか、そのどれかであろう。強烈な生臭さに鼻が襲われた。一瞬息を止めたが、それは束の間である。再び臭いを嗅がねばならなかった。しかしその臭いは、初めてではないことにすぐ気がついた。どこかで以前に嗅いだことのある臭いである。どこでであろうか？「そうだあそこだ！」とすぐに思い出した。屠殺場《とさつじょう》である。家から直線で一キロほど離れた海岸べりに屠殺場があった。子供の頃そこへ近づくことはほとんどなかったが、野球をしようとしてどこの空き地も他の子供たちに使われて空いていない時には、どうしようもなくて屠殺場に隣接する原っぱを使わざるを得なかった。そこは子供たちにとっても、最後の選択の場であったのである。何せ大小の骨がいたる所にごろごろしていたのであるから。形の崩れた骨はもちろんのこと、牛か馬かはわからぬが、顔の長い頭蓋骨がそのままあちこちに放置されていたのである。初めてそこへ行った時には気持ち悪かったが、何回か行くと慣れて来、手頃な石が見つからぬ時には、嫌々ながらもその頭蓋骨をベース代わりにすることがあった。牛がそこへ引きずられて行くのは見たことがないが、海辺で魚釣りをしたり友達と遊んでいる時に、船で馬が運ばれて来、あとは人間に引きずられてそこへ連れて行かれるのを見たことが何度かあった。屠殺場に近づくと臭いで自分が殺されるのを察知するのであろう。なかには前足を高く上げ進もうとしないものもいた。しかし人間はその馬に鞭を打ち、容赦なく連れて行くのである。「あれも殺されるんだなあ」とは、その頃思ったことである。思ったものの殺される現場は見たわけではないので、すぐに頭の中から消え去ってしまった。しかし死臭となると別である。屠殺場の周囲には、その死臭が充満していたのである。したがって子供たちは、どうしてもそこで野球をせねばならぬ時には、ホームベースを屠殺場から離れた所にし、できるだけ臭いが薄くなる所を選んだ。しかしホームがそこなら、外野の守備位置は屠殺場に一番近い所である。その上ホームランでも打たれれば、そこを囲っている塀のぎりぎりまでボールを取りに行かねばならぬのである。そこで嗅いだ強烈な生臭さ。山の中腹の火葬場で嗅いだ臭いは、まさにそれだったのである。その臭いがどこから出ているのかつきとめようとして、私はあたりを見回した。コンクリートでできた七〜八メートルほどの高さの丸い煙突の先から、たくさんではなかったが煙が出ていた。今人を焼いているのだろうか、とも思われた。臭いはその煙のなのだろうかと思ったが、そうではなかった。棺を先頭に建物の中へ入って行ってわかったことである。

内部へ行けば行くほど生臭さは強くなった。建物の中は外以上に壁も床も古びていた。白壁はその白さを失いかけ、床はコンクリートが黒に近い色となっていた。小さな部屋で棺を前に、最後のお勤めが行われた。それが済むと棺は奥の方にある広い室へ移動した。そこで棺の蓋を開け、まさに最後の別れをするのである。長方形の室の長い一辺は曇りガラスの入った明かり取りの腰窓であり、その反対側の壁には、観音開きになった一枚が畳の大きさほどの二枚一組の古い鉄の扉が、四〜五カ所ほど据え付けられていた。祖母の棺は、入り口からは一番奥の扉の前に置かれた。十分ほど経つとわれわれの到着時間が早かったせいか、そこでそのまま少し待たねばならぬこととなった。われわれと他の一団が入って来た。見ると、小さな棺と一緒である。和服の喪服を着た若い女性が口にハンカチをあて涙を流しながら、その棺と共に入って来た。入り口から一番近い鉄の扉の前にその小さな棺が止められると、その前に立ったその女性の目から、さらに多くの涙がこぼれ始めたように見えた。その様子からして子供に先立たれたのであろうことは、十六歳の私にでもすぐ理解ができた。棺の大きさからすると、その子供は小学校へ入るか入らぬかぐらいであろうと思われた。子供にとっては一番かわいい時期である。かわいいさかりの子供に先立たれた親の気持ちは、今でならかなりの程度わかるであろうからもらい泣きもしようが、高校一年生の私にはまだまだよく理解できなかった。母親の顔を見ていると、棺の前には立っているが、わが子が納められているその箱にじっと目を据えることができぬのである。自分の気持ちをどこに向けていいかわからぬ母親は、棺を見はするものの、心の落ち着く場所を得ることができずに、顔を右に向けたり左に向けたりしてわが子の名前を呼びながら、大粒の涙をおさえることができなかった。広い室には自分の親族だけではないのだから気兼ねをしてハンカチで泣き声を押さえようとはするが、それさえできぬのである。どれほど「まっちゃん、まっちゃん」とわが子の名前を呼んだであろう。私は小学生の従兄弟と並んでその光景を見ていた。その従兄弟の名前が正義《まさよし》であり、通称「まっちゃん」である。自分と同じ名前が呼び続けられて泣かれるので、見ると変な顔をしていた。私は祖母の火葬へ行ったのではあるが、祖母の方はあまり見ず、そちらの方に強く心を引かれていた。

さて最後の別れの時が来た。祖母の棺の蓋が取りはずされ、箱の中に蒲団をかけて横になっている祖母の姿が露わとなった。皆で顔の周りを花で飾り、生身の祖母に別れを告げた。私も促され同じように別れをしたが、心は向こうの方へ飛んでいた。小さな子供の方も同じようにしているはずである。私は祖母の方を向きながらも、気が気ではなかった。

花を添えると、すぐに向こうへ目をやった。すると、黒づくめの人たちが小さな棺を取り囲み、全員が腰を前屈みにして、皆の頭が小さな棺に入ってしまうのではないかと思われるぐらいに子供に各々の顔を近づけ「まっちゃん、まっちゃん」と何度も何度も呼び続けていた。湧き出て来る泣き声を、押さえよう、押さえよう、としているのであろうか。泣き声ではなく、たくさんの人たちのうめき声のように聞こえてきた。母親は子供に自分の顔をくっつけ抱きしめているのであろう。他の人たちに覆い隠され、見えなくなっていた。

こちらは別れが終わっても、向こうは終わりそうな気配さえなかった。火葬場の係員たちも事情を察してか、急かす様子もない。しかしいつまでも待つわけには行かぬのである。

とうとう係員が声をあげた。すでに古びた鉄の扉は、向こうもこちらも観音開きに開けられていた。祖母は皆が見送る中に、スムーズにその中へ入って行った。「さあ、これで本当に終わりだねえ」と言ったのはこちらの大人たちである。こちらは老人なのであるから、皆あきらめ顔である。しかし向こうはまったく違った。係員が子供の棺を釜の方へ進めようとすると、母親がそうはさせまいとするのである。親族が「しょうがないんだから」となだめるが、母親にはあきらめが切れぬのである。棺にしがみついて離そうとはしなかった。

周りは皆泣いていた。泣きながらも一人の男の人が、力ずくで母親の手を棺から離そうとした。それでも離そうとはしなかった。しかし、何度もそうしているうちに皆の心が通じてきたのであろうか、それともあきらめの気持ちが少しばかり出てきたのであろうか。母親は棺を抱きしめていた手の力をようやく少しばかりゆるめた。そのすきに係員は棺を釜の方へ進めた。両腕を脇から抱えられながらも、泣く泣くわが子が焼かれるのを見送らねばならぬのである。母親は口にハンカチもあてられぬまま、滝のように流れ落ちる涙を拭おうともせず、あたりをはばかることなく、声を上げて泣いた。祖母も子供も係員の手で暗い釜の中に入れられ、錆《さび》がめだつ古い扉が「ギイー」という音と共に閉ざされると、最後に鉄の閂《かんぬき》が、「ガチャン」という冷たい金属音を残してかけられた。もう後戻りする事ができぬのである。われわれも子供の方の人たちも、係員の指示に従って控え室へと向かわねばならなかった。

一時間半か二時間ほど経ったであろうか。拾骨の準備ができたという連絡が届いた。人が焼かれた後どうなるのか、私は非常に関心があった。皆と連れだって向かった。先ほどと同じ室である。初めて見る焼けたばかりの人間の骨である。まだ手で触《さわ》られぬほど全体が熱かった。腹のあたりの骨にピンクにちかい色がついていた。その辺に病気があったのだろう、とは大人たちの言っていたことである。

その三日間は、どれも初めての体験であった。家族の死も、火葬場へ行った事も、生身の人間が焼かれると乾燥したカラカラの骨になる事を見るのも。それが人間の最後の姿であり、自分もいずれそうならねばならぬのであることを現実に自覚したのは、その時が初めてであった。火葬される前の祖母の姿は子供の方が気になってさほど見てはいなかったが、骨になった祖母の姿は、強く心を引きつけた。しかしやはり子供の方が気になるのである。見ると子供も同じように白骨化していた。頭から足まで、きれいに骨は並んでいた。大きさはもちろん祖母のよりははるかに小さくはあるが、白さは少し強いような気がした。

白骨化しても子供は子供である。かわいらしさがうかがわれた。こちらが拾骨にかかる頃その親族が室へ入って来た。私は母親を探した。先頭ではなく、その少し後ろぐらいで入って来た。泣いてはいなかった。しかし骨だけになったわが子を目の当たりにすると、急転直下状況は先ほどへと戻った。再び大粒の涙で母親の顔はおおわれた。周りの人たちが割り箸で骨を拾い始めても、子供の死を真受けにすることができぬのであろうか、自らの手で拾うことができぬのである。その様子を見て周りの人たちが母親を促した。こちらから見ていると、それは残酷なことに思われた。母親が己が手で骨を拾うということは、子供の死を認めることになるからである。促す方はそうは思っていなかったはずだ。喪主だから、親だから、というような、世間ではそうするものだという所から出てきた行為であろう。しかしそれは認めたくない者に、その事実を「認めなさい」ということとなってしまう。少なくともこちらにはそう見えた。母親も世間の習慣に従わねばならぬと思ったのであろうか。慟哭《どうこく》しながらも、嫌々ながらのように箸を受け取った。しかし、なかなか手が動かぬのである。それはそうであろう。その気持ちは高校一年生の私にも少しぐらいは伝わってきた。母親はゆっくりした調子で骨を一本箸につまんだ。左手は白いハンカチを持ち口と鼻を押さえたままである。涙がさらに多くなり、泣き声はハンカチを通して大きく漏れ出てきた。

青春の多感な時代に見たその一連の光景は、私の脳裏に深く刻み込まれた。人間の死とはいかなるものであるかをまざまざと教えられ、いずれ自分もそうならざるを得ぬのであることを深く自覚せしめられた。心の奥底に植え付けられたものは何かの機会に芽を出すものである。それは高校生活の楽しい時や受験勉強に没頭している時期ではなかった。

大学へ入ってからである。しかしマージャンに現《うつつ》を抜かし、酒を飲んで楽しく過ごし、クラブ活動に夢中になっている時でもなかった。一人居てじっと自分の人生を考える時であった。一生を幸せに生きたいのである。しかし今は幸せでも、はるか先には老いと死があるのである。早く死ねば老いは経験しなくてもいいことだ。しかし、死だけはどうしても避けることのできぬことである。そのまま生きていけば、自分も当たり前に老いを迎えることとなろう。そして死である。いったいそこまで生きて何の意味があるのだろうか、と真剣に考えざるを得なかった。老いと死の自覚は、そのまま「生きることの意味」を必死に模索する道へと向かった。祖母の死の縁がなかったならば、私が火葬場へ行くことはかなり後までなかったであろう。しかもそこで出会ったのが子供を亡くした母親の激しく取り乱した姿であった。私が目にしたのは、ふだんなら見ることができぬ人間の裏の姿である。裏を自覚したことは、そのまま表の意味を真剣に考える道へとつながった。

私が「生きることの意味」を真面目に考えていた頃、ドイツ人アルフォンス・デーケン氏は、「死への準備教育」の大切さを上智大学において説き始めた。死がわが国において甚だタブー視されていた時期にである。氏は述べる。

「死への準備教育（デス・エデュケーション）」はそのまま「生への準備教育（ライフ・エデュケーション）」にほかならない。

（『死とどう向き合うか』アルフォンス・デーケン、ＮＨＫライブラリー）

死へまともに目を向けることが、いかに生きる事への力となるかを説かんとするのである。氏は

も肉

「死への準備教育」とともに「悲嘆教育」の必要性もうったえている。愛する人との突然の別れは、誰がどこで出会うか知れぬものだ。人はいろいろな場で悲しい目に出会うが、人間なら誰しも味わわねばならぬ喪失体験に伴う悲嘆を学ぶのが「悲嘆教育」である。これまた人間が生きる上で力となることを氏は力説する。

今の子供は生き物の死を間近に見ることが、昔よりはるかに少なくなった。バッタや蝶を殺したとて苦しそうな顔はせず、同じに見える仲間が周りにたくさんいるのであるから、殺したとて殺したという気持ちにはあまりならぬであろう。人間が死ぬのを見るのはテレビやゲームの中でであり、テレビでは死んだ同じ人が別のチャンネルに出演するし、ゲームの中では死んだ者はすぐに生き返るのである。悲惨さをそこに味わうのはきわめて難しい。そんなところから命を大切にする世界の出てくるとは思われぬ。

私が小学生の頃であった。ある日近くの家の人が、古びた自転車の荷台に元気のいい鶏を一羽しばりつけて帰って来た。鶏自体が珍しかったので私はだまって見ていた。すると、鶏を荷台から下ろしてから何の予告もなしに、いきなり持っていた包丁で首を切ったのである。私は驚愕した。首を切られても、鶏はすぐには死ななかった。羽をバタバタさせるのである。首の無い鶏がバタバタ動いている姿の、何と気持ちの悪いことであろう。しかもその上そこの家の人は、新聞紙に火を付け、まだ動いている鶏の足を持って逆さまにし、それをそのまま炙《あぶ》ったのである。いきなり見せられたその残酷な光景によるショックで、父が法事でたまに貰ってくる骨の付いたままの鶏のもも肉を見ると気持ちが悪く、どこの家でも肉を食べることが少なかった貧乏な時代に、高校を卒業するまでそれを食べることができなかった。

鶏を己が手で殺す大人はよほど残酷な人に当時は見えたが、それは真実を知らなかったからである。自分が殺さなくても誰かがそれをせねば、肉はわれわれの口には入らぬのである。

屠殺場に入ったことのある人に聞くと、牛や馬や豚の殺され方もひどいそうである。人に食べられるために生まれてきたわけではないのに、殺されたくないのを、無理矢理人間が殺して食べているのである。それがわかっていれば食べ物を粗末にすることは、今よりはるかに少なくなるに違いない。今の子供たちは、スーパーにきれいに並んでいる肉の姿しか知らぬであろう。野菜や果物と同じように見ているはずである。そこにどうして食べ物を大切にしようという心が育とうか。表の本当の意味を知ろうとするならば裏を見ることである。表を表たらしめているのは裏であり、裏を裏たらしめているのは表である。表だけや裏だけでの存在は、この世に在るものではない。

平成十五年・十六年は、二年続けて子供が子供を殺すという異常な事件が起き、世の多くの大人の心をして寒からしめた。種元駿ちゃんが殺された後、私は町の金魚屋へ立ち寄った。本堂の縁の下に長年置きっぱなしにしている陶器の火鉢をそのまま放っておくのはもったいないので、庭の片隅に置き、そこへ金魚を入れてわが目を楽しませようと思ったからである。金魚の生命を保つためには酸素を供給せねばならず、といって庭に酸素を送る機械を置くのは不自然であるので、酸素を出す水草を中に植え込めばいいのではなかろうかと単純に考え、相談に行ったのである。こんな相談に店の主人が言ったことは、「そんな簡単な方法で金魚を生きながらえさせる方法があるのなら、こちらが教えてほしいくらいだ」であった。

店の主人との会話の中で驚かされたことが一つある。ある学校の先生がその店に来た時のことであるが、その先生が大まじめに会話の中で言ったそうである。

「金魚って死ぬんですか?」

「水草って枯れるんですか?」と。

「学校の先生がそんなことを言ってはいけませんよ」

と店の主人は言ったそうであるが、本人はその意味がよくわからないような様子だったそうである。これは笑い話ではとてもすまされる事ではない。死ぬことを知っているからこそ、いかにしたなら命が保ち続けられるかと考えるのであり、死んだってすぐに生き返ってくるゲーム感覚では、命を大切にする心が起こるとは考えにくいからである。大金持ちに金を大切にしようという心はどちらかというと起こりにくく、貧乏人は金をつかってしまえばなくなり生活に困ることを知っているからこそ、それを大切にしようとする。

人は失われる世界を知る故にこそ、それを大切にするのである。人が死ぬとはいかなる事であるか、死ねば周りの人がいかに悲しむかを知っているならば、簡単に人を殺せるものではない。

大人は子供に命の尊さを教えようとする。しかし人間だけではなく、生命あるものは必ず死に帰する世界を教えようとはしない。ここには大人自身に問題があるように思えてならぬ。

子供ばかりが命の尊さを知らぬごとくに多くの大人は思っているようだが、はたして大人が己の命を大切にしているであろうか？　異常な事件が起きると、それから少しの間は大人も命の問題に関心を示す。しかしそれは少しの間だけであって、間もなく忘れてしまうのがだいたいの落ちである。

先年神戸で子供の首が学校の正門に晒《さら》されるという、いわゆる酒鬼薔薇事件が発生したが、あの時でさえ、ほどなくして命の問題は多くの大人の関心から去ってしまった。今の大多数の大人の関心の中心がどこにあるかと言えば、金儲けであり、美食であり、娯楽などであって、己の一生とはいったい何であるか、またどうであるべきかを問題にする姿勢はあまり見られぬ。周囲にそれらを語り合う場はほとんどなく、たまに語られる事があっても、耳を傾けようとする人は少しばかりである。

このように大人に己の命を問題にする姿勢が少ないのであるから、子供がその尊さを感じる機会に恵まれなくなってくるのは仕方のないところであろう。子供が初めから悪いはずがなく、問題の根源は大人自身にあると見るのが正しいと思われる。このように考えている人は他にもいるはずである。しかし己にその問題を突き詰めようとする人は、あまり見あたらない。そこにこそ問題があるように思われてならぬ。

アメリカには「子供が生まれたなら子犬を飼いなさい」という教えがあるそうだ。犬の寿命は十数年である。子供の時のかわいい姿、大人になった時の逞《たくま》しさ、老年を迎え最後には老いてよよぼになり死んで行く様を、人間の子供は目の前で見る。しかも犬の寿命からして死んで行くのは、ちょうど人間の子供が思春期にさしかかる頃である。犬の一生を間近で見ることを通して、人間の子供は己の人生をまじめに考える機縁を与えられる、というのである。これは大切なことであろう。

アルフォンス・デーケン氏によると、ドイツではキリスト教のさまざまな行事を通して何世紀にもわたって「死への準備教育」が行われてきたが、二十世紀に入ると死へのタブー化が広がり、次第に行われなくなったという。しかし一九七〇年代の後半から見直され、再認識されて復活してきたそうだ。現在ドイツの国・公立の中学校には、強制ではなくして毎週二時間の宗教の授業があり、そこで「死への準備教育」も取り扱われるという。この場合相手は子供であるから、教え方が検討されねばならぬように思われる。初めからあまり強烈すぎても問題であろう。

私の知っている人にこんな人がいる。六十歳を間もなく迎えようとしているのであるが、鶏肉を一片たりともいまだに口にすることができぬのである。好き嫌いの次元ではない。食べること自体ができぬのだ。理由を聞いてみると、小学校へもまだ通っていない頃のある日、外にいると、首を切られた鶏が自分の方へ向かって走って来、目の前で倒れてそのまま死んでしまったというのである。その時におけるあまりの恐怖が今に引きずられているということであった。教えるにしても年齢に応じ、場所をわきまえてせねばならぬということがうかがわれるであろう。

アメリカでよく行われる事の一つに、子供たちの葬儀場見学があるという。そこで葬儀社の人たちが葬式にまつわることを説明し、さまざまな質問を受けるということである。よく行われるというのであるから、かなりの程度効果があっているということであろう。参考にすべきことに思われる。現代のように表ばかり見せるのではなく何らかの形で裏を教えて行かねば、表の本当の意味を知ることは非常に難しいこととなるであろう。それはそのまま、己の命を軽んじ、他の生命をもないがしろにする道へつながって行くに違いない。

科学的に物事を見て行くという事は、非常に大切な事である。科学の世界には少しの間違いも少しの妥協も許されるものではない。少しでもそれが加わったおかげで大事故が起き、たくさんの人命が失われる事だってあるのだから。

われわれは小学生の頃より科学的教育を受けてきた。しかしそれは、ほとんどすべてと言っていいほど己以外の事物に関してである。理科にしろ、数学にしろ、英語・国語・社会にしろ、そこで学ぶ事は、自分以外を対象とするのがほとんどであり、それを学ぶ己とはいかなる存在であるか、それを問題とする事はまずもってなかったのである。

生活が順調にいっているうちはいいであろう。しかし何事もなく人生を全うできる人というのは、そんなにいるものではない。何らかの障害にぶつかった時には、人はふと我に返り、これまで何のために生きてきたのか、またこれからさき生きて行かねばならぬその意味を真剣に考える事になるはずである。しかしそんな問題にぶつかった時に科学的に考える道を、われわれは学校教育の中でほとんど教わってはこなかった。

イタリアの詩人ペトラルカはアウグスティヌスの『告白』を座右の書にしていたそうであるが、その著『わが秘密』において、アウグスティヌスとフランチェスコたる己との対話形式で問題を掘り下げている。片や愛や物や名誉などに心を動かされる己であり、もう一方のアウグスティヌスは、その本質に目を向けさせようとするのである。

ペトラルカは十四世紀の人であるが、二五〇〇年前にお釈迦様が説かれたことは、まず現状の把握であった。われわれが実際どんな苦しみに取り巻かれているか、から始まる。生《しょう》（生まれる苦しみ）・老《ろう》（老いることによる苦しみ）・病《びょう》（病気の苦しみ）・死《し》（死ぬことによる苦しみ）・愛別離苦《あいべつりく》（愛する者と別れる苦しみ）・怨憎会苦《おんぞうえく》（怨み憎む者と会う苦しみ）・求不得苦《ぐふとっく》（求めて得られぬ苦しみ）・五陰盛苦《ごうんじょうく》（体内のさまざまな部分が盛んになる事から来る苦しみ）という八苦を数え、つぎにその原因を探って行く。行き着いたところは、己の内にある煩悩であった。貪欲《とんよく》・瞋恚《しんに》・愚痴《ぐち》という三大原因である。このように昔の聖人は己を科学的に見ていった。ところが現代人にはこのような眼を持つ人もそのような世界に関心を示す人も、非常に少ないのである。したがって科学的に考えると理屈に合わぬということで神仏を否定する人が、何かの障害にぶつかると、いとも簡単に非科学的新興宗教に走り神秘の世界に埋没してしまうのである。その数の何と多いことか。自殺者が多いのも、おそらくそれと関係しているであろう。

自殺とは、生きるに道を失った者が取る行動である。自殺するまでにはかなり精神的に苦しまねばならぬが、そこに至るまでに、どれほど科学的に己を見つめたであろうか。
己の迷いを神秘に昇華させてしまう人も、自殺にすぐ走ってしまう人も、そのような行動をとるのは、自分自身を科学的に見る道を長年教えられてこなかったからである気がしてならぬ。
己を科学的に見る眼があるならば、もっと哲学や純文学が読まれるであろう。ところが活字離れは進むし、読まれても、人を生かすか殺すかという推理小説ばかりである。現代人はこれほどまでに己を科学的に見る眼を失ってしまったのである。己を科学的に見るとは、己自身の嘘偽りの無いありのままの姿を、そのとおりに見ようとすることである。

哲学者の全生活は死の省察である。

（『トゥスクルム論議』）

とはギリシャの哲学者キケロが述べていることであるが、ものごとの表も裏もありのままに見ていくというのには、それなりの覚悟が必要であるし、また勇気もなくてはならぬ。しかもこの勇気は、きわめて大切なものである。

世界に真の勇気はただ一つしかない。世界をあるがままにみることである――
そしてそれを愛することである。

（『ミケランジェロの生涯』）

とはロマン・ロランが述べていることであるが、現代の人間に一番欠けているのは、表も裏もそのまま見て行くという、この勇気であるに違いない。

おわりに

ある時息子と一緒に部屋にいると、急に尋ねてきた。

「お父さんはどうしてお坊さんになったの？」

と。私は即座に包み隠さず答えた。

「お父さんはな、いろいろな事に失敗して、これしかする事がなくなったからだ」

これは本当のことである。

工学部から文学部へ道を変える決意をした時、行く先にまともな道はついておるまいと覚悟したが、確かにその通りであった。途中大きな失敗をした。もうダメかと思うことが何度もあった。おかげで二十代の十年間は、ほとんど遊ぶことができなかった。しかし振り返ってみると、若い時の失敗は大切なことである。その若い時に我を忘れるぐらい必死になって努力するという事も、きわめて大切な事である。全力を注ぎ込んだ時といいかげんでした時と、その両方が失敗という同じ言葉に帰したとしても、結果は大きく異なってくるものである。おかげで人間の姿をまざまざと教えられた。失敗した者がどんなに正しいことを言っても、世の人のほとんどは耳を傾けてくれるものではない。失敗した私の言う事に耳を傾けてくれたのは、よほど苦労した人か、よほど心の広い人だけであった。これは仏教の世界へ入っても、何ら変わるものではなかった。

失敗の果てに仏教を学ぶはめとなったが、おかげで世の中の広さと明るさを知り、また己自身・人間そのものを学ぶ機会を得た。わかっているようで一番わかりにくいのが己自身である。その己の心を、『転依（てんね）――迷いより目覚めへ――』（法藏館）という形で整理をし公にできたのは、平成十七年の一月であった。ここに再び別の形でまとめることができたことは、仏道に身を置く者としてこの上ない喜びである。

法藏館の上別府　茂編集長にはこの度の出版にも前回同様さまざまにご協力をいただきました。心より謝意を表するところであります。

平成十九年一月

著　者

菅原信隆（すがはら　しんりゅう）
1953年北海道函館市に生まれる。
室蘭工業大学工業化学科卒業。
北海道大学文学部史学科研究生。
中央仏教学院本科卒業。
龍谷大学文学部仏教学科卒業。
現在、浄土真宗本願寺派蓮福寺住職、本願寺派布教使。
主著：『転依（てんね）―迷いより目覚めへ―』（法藏館、2005年、日本図書館協会選定図書）
現住所：〒840-0205
佐賀市大和町名尾4824のイ
ＴＥＬ：0952-63-0725

自然法爾《じねんほうに》――心の奥底にいだく根本矛盾の克服
二〇〇七年一月三〇日　初版第一刷発行
著　者　菅原信隆
発行者　西村七兵衛
発行所　株式会社　法藏館
京都市下京区正面通烏丸東入
郵便番号　六〇〇-八一五三
電話　〇七五-三四三-〇〇三〇（編集）
〇七五-三四三-五六五六（営業）
装　幀　井上二三夫
印刷・立生株式会社　製本・新日本製本株式会社

ISBN978-4-8318-8955-3 C1015